Das Geheimnis der Dualseelen,
Seelengefährten und Seelengeschwister

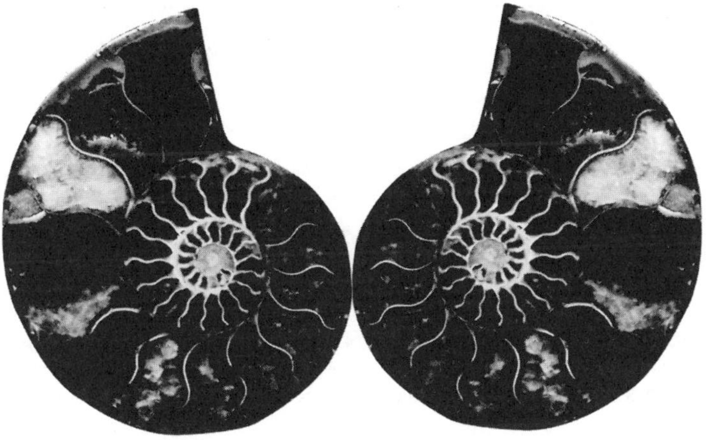

**Karmische Verbindungen
und über die großen Herausforderungen
dieser Begegnungen in unserem Leben**

von Sandra Ruzischka

Für Marlies Hoppmann

Das einzig Wichtige im Leben
sind die Spuren der Liebe,
die wir hinterlassen,
wenn wir weggehen.

© 2. Auflage, Copyright 2007 by Bohmeier Verlag, Germany-04315 Leipzig, Konstantinstr. 6, Tel.: +49 (0) 341-6812811 - Fax: +49 (0) 341-6811837, und immer erreichbar unter Fon: 0700-62442578 und über unsere Internet-Homepage: www.magick-pur.de

© **Coverbild und Innenbilder von Sandra Ruzischka –**
Covergesamtkonzeption J. A. Davis
Gesamtherstellung: Bohmeier Verlag, Printed in Germany

ISBN 978-3-89094-468-5

Inhaltsverzeichnis

Danksagung

Mein Dank gilt meiner Partnerin Hilde für ihre große Geduld in endlosen Gesprächen über dieses Thema, für ihre Unterstützung bei der Entstehung dieses Buches und für das Korrekturlesen.
Auch danken möchte ich Christa Habersetzer, Agnes Maria Forsthofer und Katrin Bihlmayer, die ebenfalls das Manuskript auf Fehler und dergleichen durchsahen.
Danke auch an alle meine Lehrer auf meinem spirituellen Weg: Barbara Simonsohn, bei der ich die Lehrerausbildung für das Authentische Reiki erworben habe, und Willy Fraevel, der mich als zweiter Lehrer während der Lehrerausbildung durch wunderbare Gespräche inspiriert hat.
Ich möchte mich an dieser Stelle auch bei all jenen bedanken, die mir E-Mails zu diesem Thema gesandt haben. Durch sie gewann ich viele neue Erkenntnisse und konnte das Mysterium der Dualseelen-Verbindung noch tiefergehend begreifen. Danke für euer Vertrauen und eure Offenheit!

Spezieller Dank gehört meiner Dualseele. Durch die Zeit mit ihr und all die besonderen Erlebnisse, die ich mit ihr teilen konnte, war es erst möglich, dieses Buch wirklich werden zu lassen.

... Und vollendet
ist mein Wirken, wenn dein Wesen,
erdgenesen
mit dem meinen
sich zu einem glockenreinen
Einklang bindet.
Denn da oben,
einverwoben
den Akkorden ew'gen Seins,
sind wir Eins.
Nur mit dir kann ich durchschreiten
Aller Zeiten
Letzte Pforte.
Dieses ist's, was ohne Worte
sich im Licht mir offenbarte.
Komm, ich warte!

Ephides

Vorwort

Schon seit meiner frühen Jugend war ich spirituellen Themen gegenüber sehr aufgeschlossen, doch mit seelischen Verwandtschaften konnte ich nichts anfangen. Unter einem Seelenverwandten verstand ich jemanden, mit dem ich gleiche Interessen, Weltanschauungen und Hobbys teile, also eher einen guten Freund oder eine gute Freundin. Es leuchtete mir zwar ein, dass man auch mal jemanden von einem früheren Leben her kennen kann, aber das bedeutete mir nichts. Das änderte sich, als ich meiner Dualseele begegnete.

Vor einigen Jahren traf ich auf sie und die Ereignisse, die diese Begegnung hervorbrachte, waren für mich und meine Zukunft von größter Bedeutung. Sie lösten in meinem Leben viele komplexe Situationen und Erfahrungen aus und brachten mich auf meinem persönlichen wie spirituellen Weg kräftig voran.

Ausgelöst durch die Erfahrungen mit meiner Dualseele und den damit verbundenen Höhen und Tiefen einer solchen Beziehung, informierte ich mich, wo ich nur konnte, über dieses Thema, das mir bis dahin völlig unbekannt war. Bücher gab es damals nur wenige und ich verfügte noch nicht über einen Internetanschluss. Mit vielen unbeantworteten Fragen blieb ich allein. Im Laufe der Zeit setzte sich jedoch alles wie ein Puzzle zusammen und ich erhielt die Antworten auf meine Fragen dank anderer Menschen sowie durch intensive Lektüre. Sehr viel Klärung erhielt ich auch in Meditationen und durch die Botschaften meines Höheren Selbst.

Ich kreierte eine private Homepage mit dem Schwerpunktthema Dualseelen. Das Feedback, das ich von anderen erfuhr, denen es ähnlich erging wie mir, war enorm. Ich erhielt viele E-Mails von Menschen, die Probleme mit ihrer Dualseele hatten. Das zeigte mir, dass ich damit nicht alleine war. Die meisten, die mir schrieben, hatten gerade erst begonnen, sich mit dem Thema der Dualseelen zu beschäftigen, und suchten Rat und Hilfe bei mir. Einige zweifelten am Anfang genau wie ich an ihrem Verstand, manche fürchteten sogar, verrückt zu werden, und wollten schon fast die Hilfe eines Psychiaters in Anspruch nehmen. Andere wagten nicht, mit ihrer Familie und Freunden darüber zu sprechen, weil sie befürchteten, nur Unverständnis zu ernten. Ich versuchte, ihnen aus meinen Erfahrungen heraus so gut ich konnte zu helfen, obwohl für mich ja selbst noch viele Fragen offen standen. Durch jene Menschen setzte ich mich noch mehr als bisher mit diesem Thema auseinander, viele neue Erkenntnisse eröffneten sich mir und ich entdeckte weitere Antworten auf meine mich nach wie vor bedrängenden Fragen.

Mit einigen von ihnen pflegte ich lange Zeit (und pflege ich noch heute) E-Mail-Kontakt. Ich war beglückt, diesen Menschen behilflich sein zu können, um deren existenzielle Situation mit den damit verbundenen überaus intensiven Gefühlen und mysteriösen Erlebnissen, die mit ihrer Dualseele korrespondierten, zu verstehen. Durch die positive Resonanz, die ich von all diesen Menschen erfuhr, kam ich auf den Gedanken dieses Buch zu schreiben. Mein Wunsch ist, allen Betroffenen und Interessierten dieses Thema näher zu bringen, damit sie es umfassender verstehen können und lernen, besser damit umzugehen.

Einleitung

Dieses Buch handelt von den verschiedenen seelischen Beziehungen und ihren Besonderheiten und Bedeutungen für unser Leben. Den Schwerpunkt bildet die Dualseele, die am meisten missverstandene seelische Verbindung.
In Teil 1 erkläre ich Grundlegendes über die Seele, ihr Wesen und ihre Bereiche. Dies soll dem besseren Verständnis über die Zusammenhänge der in Teil 2 vorgestellten verschiedenen Arten seelischer Beziehungsformen dienen. Im 3. Teil dieses Buches stelle ich hilfreiche Techniken vor, die wenn sie regelmäßig angewandt werden, bei Problemen mit der Dualseele oder anderen Seelenverwandten helfen können.
Außerdem soll dieses Buch jenen Menschen helfen, die nicht wissen, was mit ihnen geschieht, wenn sie ihrer Dualseele begegnen und ihr Leben dadurch gehörig auf den Kopf gestellt wird, die an ihrem Verstand zweifeln und nicht verstehen, was das alles zu bedeuten hat. Es soll versuchen, die vielen Fragen zu beantworten, die unweigerlich auftauchen, wenn man auf einen Menschen getroffen ist, mit dem eine seelische Beziehung besteht. Es soll auch einen Weg zur Selbsthilfe aufzeigen, falls sich die Beziehung zur Dualseele chaotisch entwickeln sollte und einem deswegen Schmerz und Trauer überkommen und man nicht mehr weiter weiß.
Die Meditationen und Übungen, die ich hier vorstelle, sind für jeden Menschen ohne Vorkenntnisse durchführbar. Sie können zur Klärung, zu Verständnis, Erkenntnissen und Einsichten auf höheren Ebenen führen und stellen Methoden dar, uns zu uns selbst und damit zurück zu unserer Dualseele zu führen.
Ich möchte mit diesem Buch einen Weg aufzeigen, der uns hilft, die manchmal scheinbar negativen Aspekte einer seelischen Beziehung zu transformieren und die ungeheure Chance zum Wachstum der eigenen Persönlichkeit wahrzunehmen und zu ergreifen.
Die hier aufgestellten Theorien und Thesen haben keinen Absolutheitsanspruch. In den folgenden Texten möchte ich die Beziehungen der Seele, ihren Ursprung und ihr Wesen aus meiner Sicht erklären. Dies soll nicht als einzige Wahrheit verstanden werden, sondern lediglich als Erklärungsmodell dienen, das jeder für sich in Frage stellen kann und soll, um sich eigene Gedanken und Vorstellungen darüber zu machen. Denn gerade über die Seele wird seit Menschengedenken fortwährend philosophiert und es gibt inzwischen unzählige Theorien darüber.
Die hier dargelegten Ansichten sind die Ergebnisse meiner spirituellen Lebensweise. Durch Meditationen (Gesprächen), mit meinem Höheren selbst und durch das Praktizieren einer Methode, mit der man persönliche Aura-Readings durchführen kann, bekam ich tiefe Einblicke in seelische Zusammenhänge. Die Arbeit mit den Techniken des Authentischen Reiki brachte mich ebenfalls sehr weit voran und erschloss mir einen profunden spirituellen Garten. Weiteres Wissen und Denkanstöße lieferten mir gute Bücher und Gespräche mit spirituellen Lehrern und anderen suchenden Menschen.

Im Zusammenhang mit den seelischen Beziehungen und der Dualseele halte ich es für immens wichtig, etwas über die Dimensionen der Seele zu erfahren, damit der größere Zusammenhang im universellen Sinne deutlich wird.

Wiederfinden

Ist es möglich, Stern der Sterne,
Drück' ich wieder dich ans Herz.
Ach! Was ist die Nacht der Ferne
Für ein Abgrund, für ein Schmerz.
Ja, du bist es! Meiner Freuden
Süßer, lieber Widerpart;
Eingedenk vergang'ner Leiden
Schaudr' ich vor der Gegenwart.
Als die Welt im tiefsten Grunde
Lag an Gottes ew'ger Brust,
Ordnet' er die erste Stunde
Mit erhabner Schöpfungslust.
Und er sprach das Wort: Es werde!
Da erklang ein schmerzlich' Ach!
Als das All mit Machtgebärde,
In die Wirklichkeiten brach.
Auf tat sich das Licht! Sich trennte
Scheu die Finsternis von ihm,
Und sogleich die Elemente
Scheidend auseinander fliehn.
Rasch, in wilden wüsten Träumen,
Jedes nach der Weite rang,
Starr, in ungemess'nen Räumen,
Ohne Sehnsucht, ohne Klang.
Stumm war alles, still und öde,
Einsam Gott zum erstenmal!
Da erschuf er Morgenröte,
Die erbarmte sich der Qual.
Sie entwickelte dem Trüben
Ein erklingend Farbenspiel.
Und nun konnte wieder lieben,
Was erst auseinander fiel.
Und mit eiligem Bestreben
Sucht sich, was sich angehört,
Und zu ungemessnem Leben
Ist Gefühl und Blick gekehrt.
Sei's Ergreifen, sei es Raffen,
Wenn es nur sich fasst und hält!
Allah braucht nicht mehr zu schaffen,
Wir erschaffen seine Welt.
So, mit morgenroten Flügeln
Riss es mich an deinen Mund,
Und die Nacht mit tausend Siegeln
Kräftigt sternenhell den Bund.
Beide sind wir auf der Erde,
Musterhaft in Freud und Qual.
Und ein zweites Wort: Es werde!
Trennt uns nicht zum zweitenmal.

Johann Wolfgang von Goethe

Teil 1 - Seelische Dimensionen – Grundlegendes über die Seele, ihr Wesen und ihre Bereiche

Die Dimensionen der Seele

Die Seele

Die Seele ist die Summe aller Möglichkeiten. Sie beinhaltet jeglichen Ausdruck – sie ist das „Sowohl als auch". Die Seelen sind nie aus der Einheit herausgefallen. Das was wir als Trennung erleben, ist nur eine der vielen Illusionen der Dualität.

Dieses 2-dimensionale Schema macht deutlich, dass die Seele alle Dimensionen, Zeiten und Räume in sich birgt. Zeit und Raum ist in den seelischen Dimensionen nicht in unserem Sinne existent. Dort ist alles im Jetzt. Vergangenheit, Gegenwart und Zukunft finden demnach gleichzeitig statt. Die Abbildung zeigt, dass die einzelnen Seelenaspekte (aus Sicht der Seele) gleichzeitig existieren, obwohl sie nach unserem Zeitverständnis hintereinander ablaufen. Zeiten und Dimensionen befinden sich nicht außerhalb der Seele, sondern sind *in* der Seele enthalten!

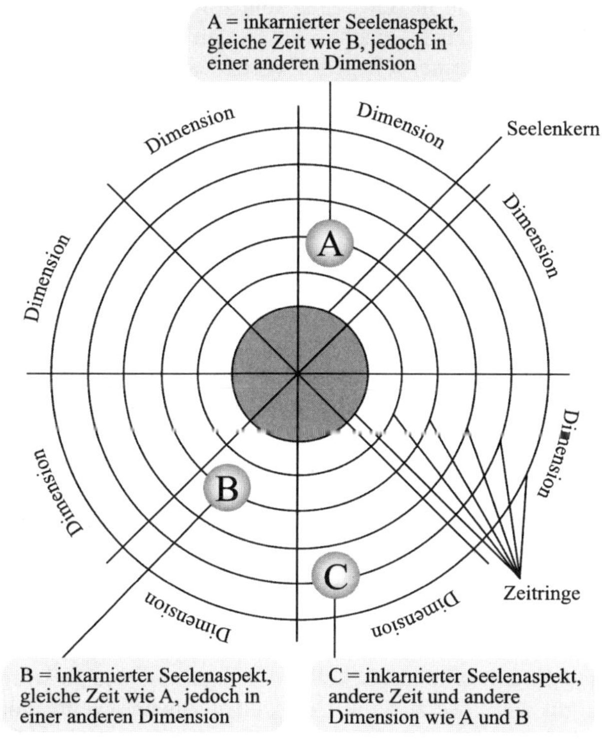

Unsere Seele ist grenzenlos. Sie beinhaltet alles, was „war", alles, was „ist", alles, was „sein wird", und alles, was „sein kann". Die Seele trägt die Unendlichkeit selbst in sich. Dadurch ist auch sie Alpha und Omega, Anfang und Ende zugleich. Somit ist der Kreis der Ewigkeit geschlossen. Der Anfang ist

gleichzeitig das Ende und das Ende ist gleichzeitig der Anfang. Alles, was zwischen diesen beiden Polen liegt existiert parallel. Anfang und Ende beinhalten sich gegenseitig und bestehen dennoch für sich unabhängig. Das, was feststeht, ist die für uns unvorstellbare Unendlichkeit, die Ewigkeit, eben das absolute, grenzenlose Sein. Für unseren Verstand ist das unvorstellbar.
Für unsere menschlichen Begriffe beinhaltet jeder Anfang schon das Ende von etwas. Ein Jahr beginnt und wir wissen, dass es auch wieder enden und ein neues Jahr beginnen wird. Genauso wissen wir bei jeder Geburt eines neuen Lebewesens, dass es eines Tages sterben wird. Das, was dazwischen liegt, ist Ausdruck, Leben, die Entwicklung des Seins. Hier auf der Erde in der Dualität und Polarität ist das ein immer wiederkehrender Kreislauf. Neues Leben entsteht, während bestehendes Leben stirbt.

Die Dimensionen der Seele jedoch sind unsterblich, sie sind ewiglich. Da die Seele in sich selbst bereits Anfang und Ende IST, ist sie in gewisser Weise statisch. Sie IST einfach. Ihre Essenz ist das Sein an sich. Sie ist jedoch auch gleichzeitig Bewegung – ein weiteres Paradoxon für uns. Denn wir können uns nicht vorstellen, wie etwas, das statisch ist, gleichzeitig in Bewegung sein kann. Dieses „Sowohl als auch“ macht die Seele zu dem, was sie IST, zu einer ewigen Existenz aller unbegrenzten Möglichkeiten. Die Seele ist alles was, IST, und das gleichzeitig. Genaugenommen entsteht durch die Dynamik der Seele aus der Kreisform des Alpha und Omega eine Spirale. Dies gehört jedoch in den Bereich der kosmischen Geometrie und kann hier nicht weiter erörtert werden. (Interessierte finden weiterführende Literatur hierzu im Literaturverzeichnis; siehe „Die Blume des Lebens“.)
Die hier dargestellte Abbildung stellt zwei Konzepte in einem Bild dar. Einmal die Unendlichkeit der Seele, abgebildet durch die beiden Schlangen, die sich gegenseitig in den Schwanz beißen und so einen Kreis ohne Anfang und Ende bilden. Zum anderen die Dualität, die hier in Verbindung mit dem bekannten Yin-und-Yang-Symbol dargestellt wird.
Jedes Lebewesen ist für sich einmalig. Unsere Seele lebt durch uns im Körper einen begrenzten Teil ihrer unendlichen Möglichkeiten, um sich selbst erfahren zu können. Bevor sich die Seele inkarniert, wählt sie für ihren Lebensplan jene Ausdrucksmöglichkeiten, die sie benötigt, um diesen Plan zu verwirklichen. Alles andere aber, alle anderen Möglichkeiten sind in ihr nach wie vor präsent. Gelebt wird nur ein Teil, den wir hier auf Erden zum Ausdruck bringen.
Der Grund hierfür ist: Wenn man wie die Seele ALLES, absolut ALLES ist, und das gleichzeitig, kann man sich selbst nicht erkennen. Stellen wir uns vor, wie es wäre, gleichzeitig in gleichem Maße gut wie böse zu sein. Und stellen wir uns weiter vor, dass wir alle Variationen, Möglichkeiten und Abstufungen, die zwischen den beiden

Polen Gut und Böse existieren, ebenfalls sind. Wir wären also gleichzeitig gut und böse und alles dazwischen. So geht es der Seele: Sie IST alles, sie hat keine Reflexion, keinen Spiegel, um sich selbst zu erkennen, sich selbst wahrzunehmen. Dies ist jedoch ihre Intention. Denn sie ist, wie gesagt, gleichermaßen statisch und dynamisch. Sie ist das ewige Absolute und dennoch in ihrer Dynamik bestrebt, sich zu erkennen und zu entwickeln, bewusst zu werden. Der Seele geht es um das Erkennen ihrer Selbst, das Leben und Erleben aller Aspekte ihres Seins. Nur im Ist-Zustand zu existieren, beinhaltet keinerlei Entwicklung. Lediglich durch die Entfaltung und das Erkennen ihres Selbst findet Bewusstwerdung und Entwicklung statt. Unser Leben ist der Weg, der Seele ihre Bewusstwerdung zu ermöglichen. Auch dies beinhaltet wieder Statik (pures grenzenloses Sein) und Dynamik (Bewusstwerdung/Entwicklung) in sich.

Da die Seele nun jeglichen Ausdruck, alle Möglichkeiten, Anfang und Ende in sich beinhaltet, ist sie auch in sämtlichen Dimensionen zu Hause. Um genau zu sein, die Dimensionen befinden sich nicht außerhalb der Seele, sondern die Dimensionen sind in der Seele.

Ebenso verhält es sich mit der Zeit. Sie existiert in Wirklichkeit gar nicht, sondern stellt nur eine Illusion für unser Leben auf der Erde dar. Vergangenheit, Gegenwart und Zukunft existieren gleichzeitig. Man kann sich das ungefähr so vorstellen: Jeder weiß, dass London, New York, Berlin, Moskau und München existieren, und zwar zur gleichen Zeit. Wenn du aber in London bist, kannst du mit deinem physischen Körper nur dort und nicht auch in München oder Moskau sein. Du weißt aber, dass die anderen Städte zur gleichen Zeit existieren. So ist es auch mit der Zeit. Die Zukunft verbirgt sich für unser Verständnis im Dunkel wie auf der räumlichen Ebene die anderen Städte. Die Zukunft liegt im Verborgenen, da wir sie noch nicht erfahren haben. Sie ist uns noch nicht bewusst. Sie existiert jedoch bereits in unserer Seele, und zwar mit all ihren Variablen/Möglichkeiten. Das macht übrigens deutlich, dass die Zukunft nicht vorherbestimmt ist, sondern die Seele sich ihren Ausdruck darin sucht und das geschehen lässt, was diesem Ausdruck entspricht. Unsere Seele beinhaltet unsere potenzielle Zukunft in sich selbst.

Unser Bewusstsein, unser Sein, ist der Strahl unserer Seele, der von ihr in genau unsere Zeit und in unseren Raum hineinprojiziert wurde, um ihr zur Entfaltung zu verhelfen. Wir leben an einem Punkt, der uns selbst als absolut erscheint. Jedoch sind alle anderen Parallelen gleichzeitig existent. Wir nehmen das aber nicht wahr, da wir unseren menschlichen Begrenzungen unterworfen sind und das größere Ganze nicht sehen können.

Ein mystisches Erlebnis

Vor ein paar Jahren bekam ich die Erkenntnis des puren Seins geschenkt. Es war im Jahr 1997. Ich war mit einigen Freundinnen im Münchner Nachtleben unterwegs. Zum Schluss landeten wir im „Ultraschall“, Münchens bekannter Technodisco. Ein sicherlich merkwürdiger Ort für ein mystisches Erlebnis, mag manch einer denken – und doch war es so.

Lichteffekte zauberten nach dem Rhythmus der Musik surreale Reflexionen auf die Wände. Manchmal war alles in einen so dichten Nebel gehüllt, dass man die Hand vor Augen nicht erkennen konnte. Die Atmosphäre an diesem Ort war überaus sphärisch, wie nicht von dieser Welt – raum- und zeitlos zugleich. Die Musik hallte so laut, als wäre sie ein eigenes Element, das mich komplett durchdrang. Ich tanzte zu dieser Musik und wurde eins mit ihr, dem Licht und dem Nebel. Dann kam mir in den Sinn, dass manch einer diese nicht als Musik bezeichnen würde, eher als Krach. Ich sann darüber nach, was es eigentlich war. Sicher, sie war keine Musik im herkömmlichen Sinne, aber was war sie dann? Für mich war sie auch kein Krach, sondern lebendiger Rhythmus. Und so kam ich urplötzlich zu der Erkenntnis, dass sie keinen Namen brauchte um zu existieren. Sie war einfach. Sie war das, was sie war, ohne wenn und aber. Und dann fiel es mir wie Schuppen von den Augen und mir wurde klar, dass auch ich einfach bin. „Ich bin“, dachte ich! Ich bin einfach – der Sinn des Lebens ist das SEIN an sich! Die Existenz, die pure Existenz, das absolute SEIN.

Ich kann hier gar nicht in Worten fassen, wie sehr mich diese Erkenntnis betroffen hat. Es war, als hätte sich in mir ein Tor geöffnet, und ich bemerkte, was ich eigentlich schon immer wusste, aber völlig vergessen hatte. Ein tiefer Frieden umfing mich und das Wissen, dass uns nichts geschehen kann, weil wir schon immer waren und immer sein werden. Es war das „Sein an sich“, das ich in jenem Moment mit meinem gesamten Bewusstsein fühlte.

So wie damals in der Technodisco habe ich das bloße Sein nie wieder empfunden. Aber ich trage die Erinnerung, wie es sich anfühlte, in mir. Manchmal, wenn Zweifel mich überkommen, lasse ich sie in mir wieder lebendig werden – und der innere Frieden kehrt zu mir zurück.

Die buddhistische Meditation verfolgt das Ziel, zur eigenen Seele vorzudringen, um ins Nichts des absoluten Seins einzutreten. Es gibt aber auch noch viele andere Meditationsformen, um diesen Zustand zu erreichen. Und wie das obige Beispiel verdeutlicht, sind auch Tanzen und Musik gut geeignete Methoden, um eine spezielle Trance zu erlangen, die einem den Zugang zum puren Sein verschafft.

Die Seele ist unser wahres Sein, sie ist das, was wir wirklich sind. Die meisten Menschen sagen, sie hätten oder besäßen eine Seele. Das hört sich so an, als wäre sie etwas, das sich außerhalb von uns befindet. Mit diesen Worten identifiziert man sich nicht mit der eigenen Seele, man besitzt sie lediglich, so wie man einen Gegenstand besitzt. In Wahrheit *sind* wir unsere Seele. Die Seele ist der Teil von uns, der schon immer war und immer sein wird. Die Seele ist unsterblich – sie ist ewiglich.

Unser Wesen, unsere Charakterzüge und alle Attribute, die unsere Persönlichkeit ausmachen, haben wir bzw. hat unsere Seele für uns kreiert. Die Seele sucht sich vor einer Inkarnation nicht nur ihre Eltern und die damit korrelierenden Lebensumstände aus, in denen sie am besten ihre Erfahrungen machen kann, sie entscheidet auch, wie sie als Mensch sein, mit welchen Talenten, Wesensmerkmalen und Charakterzügen sie ausgestattet sein möchte. Diese Eigenschaften nimmt sie sich unter anderem aus dem genetischen Pool, den ihre biologischen Eltern auf Erden für sie bereitstellen. Auch gewisse körperliche Eigenheiten sowie vererbbare Krankheiten sucht sie sich aus um daran wachsen zu können.

Das mag für viele verwunderlich klingen und manch einer wird anmerken, er habe sich bestimmt keine schlimme Erbkrankheit, eine schreckliche Kindheit oder etwas anderes, an dem man schwer leidet, ausgewählt. Die Seele sieht das anders. Mit der Ankunft auf der Erde vergaßen wir, was wir uns vorgenommen und uns selbst auferlegt hatten. Das ist auch gut so. Sonst würde sich, mit dem Wissen, dass eigentlich alles ganz anders ist, als es uns scheint, wohl niemand mehr rechte Mühe geben.

Verbindungen zu anderen Seelen

Die Verbindungen zu anderen Seelen sind folgendermaßen zu verstehen: Bevor unsere Seele sich aufmacht, sich in einem Körper auf der Erde oder einem anderen Planeten zu inkarnieren, plant sie in gewisser Weise ihre Inkarnation. Dabei schließt sie sämtliche Erfahrungen ihrer vorangegangenen Leben mit ein. Die Seele stellt sich also selbst ihre Lebensaufgaben. Dazu gehört natürlich auch das Agieren und das Zusammenspiel mit anderen Seelen, welche wiederum ihre eigenen Pläne für ihr Leben entworfen haben.

Der aufmerksame Leser wird sich an dieser Stelle vielleicht fragen, wie es denn sein kann, dass wenn die Seele absolut ALLES ist, es auch noch andere Seelen gibt.

Dieser scheinbare Widerspruch lässt sich jedoch folgendermaßen erklären: Stelle dir die Seele als Wassertropfen im riesigen Ozean vor. Der einzelne Wassertropfen mag nicht mehr als Individuum erkennbar sein, aber dennoch ist er es. Lediglich seine Grenzen verschwimmen. Das Wasser erscheint als eine einzige große Masse. Somit ist jeder Wassertropfen mit jedem anderen Wassertropfen verbunden. Alle Seelen/Wassertropfen zusammen ergeben ein größeres Gemeinsames – den Ozean. Auch hier gilt: Das Ganze ist größer als die Summe seiner Teile. Die Seele kann auch auf diese Weise betrachtet werden. Sie ist sich selbst, aber auch das Ganze. Hier kommt ebenfalls das „sowohl als auch" zum Ausdruck! Schon in der Bibel finden sich Hinweise darauf, indem zum Beispiel Jesus sagte: „Das was du dem geringsten deiner Brüder tust, das tust du mir!" Meine Interpretation dieser Aussage ist, dass er damit sagen wollte, „wir sind alle miteinander verbunden – wir sind alle Eins". Auch sagte Jesus, alle Menschen wären absolut gleich. Damit meinte er nach meiner Auffassung ihre unsterblichen Seelen.

Einmal im Körper angekommen, sind unsere Pläne und Lebensaufgaben in der Regel unserem gewöhnlichen Bewusstsein nicht mehr zugänglich. Das was wir als Lebenskrise bezeichnen, benötigt unsere Seele zu ihrer Bewusstwerdung. Als Mensch empfindet man dies als absurd und fühlt sich der Willkür des Schicksals hilflos ausgeliefert. Doch wie gesagt, gerade unser vermeintliches Schicksal ist etwas, das wir selbst sehr sorgfältig für uns und unsere Entfaltung geplant haben. Aber wir planen nicht nur unsere Lebenskrisen, genauso planen wir auch die Freuden, die schönen Dinge und Erlebnisse unseres Lebens. Leider neigen wir Menschen aber eher dazu, unser Augenmerk auf negative Erlebnisse zu lenken als auf positive. Wie oft streben wir nach Dingen, die wir nicht haben, und übersehen das Schöne und Lebenswerte in unserem Leben!

Erinnerung(en) wurde(n) wach: Meine Mutter erlitt vor einigen Jahren einen schlimmen Unfall, bei dem sie fast gestorben wäre. Wochenlang lag sie im künstlichen Koma auf einer Intensivstation in einer Münchener Klinik. Monatelang war ihr Zustand mehr als kritisch. Sie wurde viele Male operiert und die Ärzte und Schwestern machten mir keine Hoffnung für einen guten Ausgang. Es war eine sehr schlimme Zeit für mich, denn jedes Mal, wenn das Telefon klingelte, war ich ein Nervenbündel, weil ich dachte, es wäre das Krankenhaus, um mir die schreckliche Nachricht mitzuteilen.

Täglich besuchte ich meine Mutter auf der Intensivstation und sprach mit ihr. Die Schwestern meinten, sie würde mich trotz ihres Komas unterbewusst hören. Oft stand ich so stundenlang neben ihrem Bett mit all den Apparaturen und medizinischen Geräten. Da ich ihr irgendwann nichts mehr zu sagen wusste, legte ich meine Hand auf ihren Arm und stellte mir vor, wie kosmische Energie durch mich hindurch und in sie hineinfließt. Die Energie sollte dahin fließen, wo sie zur Heilung und Regeneration gebraucht wurde. Das war in jener Zeit so ziemlich alles, was ich für meine Mutter tun konnte.

Obwohl ich natürlich sehr große Angst um sie hatte, war ich absolut gewiss, dass sie das alles überstehen würde. Ich wusste damals noch nicht, warum ich diese fixe Idee in mir trug, aber sie würde wieder gesund werden, so gesund, wie das bei ihrem derzeitigen Zustand nur irgend möglich war. Darüber war ich mir auf unerklärliche Weise absolut sicher.

Meine Freunde und Verwandten begannen sich Sorgen über meinen unerschütterlichen Optimismus zu machen. Sie befürchteten, ich würde umso mehr in ein riesiges Loch fallen, wenn es nicht so sein würde, wie ich glaubte, was ja auch mehr als wahrscheinlich war. Mein Verstand wehrte sich ebenfalls gegen diese „fixe" Idee. Er versuchte, mir einzureden, dass es sehr unwahrscheinlich sei, dass meine Mutter wieder gesund werde, und dass ich mich doch lieber mit dem Gedanken an ihren Tod beschäftigen solle, damit ich auf dieses schlimme Ereignis besser vorbereitet sei. Nach den Vorhersagen der Ärzte war die Prognose für meine Mutter denkbar schlecht und niemand wusste, ob sie überhaupt jemals wieder ins Bewusstsein kämc. Davon ließ sich meine Seele aber nicht beeinflussen: Sie gab mir die Gewissheit eines guten Ausgangs.

Und so geschah es dann schließlich auch. Heute geht es meiner Mutter wieder gut. Sie hat zwar einige Einbußen und eine Behinderung davongetragen, aber sie kann ohne fremde Hilfe leben.

Das Interessante daran ist, dass mir einige Monate nach dem Unfall meincr Mutter ein längst vergessenes Ereignis in die Erinnerung zurückkehrte. Solche spontanen Erinnerungen kommen oft, wenn man zum Beispiel ein Fotoalbum oder ein vergessenes Spielzeug aus der Kindheit wieder ansieht. Plötzlich weiß man: Ach ja, genau, das habe ich in meiner Kindheit erlebt. Und man erinnert sich blitzartig an Momente Spielkameraden, Urlaube oder was auch immer aus längst vergangenen Tagen. So war das auch bei mir. Nur war es keine Erinnerung an meine Kindheit, sondern das Erlebnis stammte offensichtlich aus der Zeit vor meiner jetzigen Inkarnation, als ich mein Leben hier plante.

In dieser Erinnerung stand ich vor einem Lichtwesen. Zumindest nahm ich denjenigen, der bei mir war, als Lichtwesen wahr. Er sagte, meine Mutter würde einen schlimmen Unfall erleiden, an dem sie beinahe sterben würde. Sie würde ihn aber überleben und ich würde lange Zeit sehr große Angst um sie haben. Das Lichtwesen fragte mich, ob das in Ordnung für mich sei und ob ich diese Erfahrung machen wolle, sie würde meinem seelischen Wachstum dienen. Ich willigte gerne ein und fügte hinzu, dass ich vollkommen einverstanden sei, Angst um sie zu haben. In dieser Situation freute ich mich sogar regelrecht auf diese Erfahrung und bedauerte, dass es noch so lange bis dahin dauern würde.
Diese Erinnerung tauchte plötzlich aus meinem Unterbewusstsein auf. Sie war so plastisch und fühlbar echt wie eine Erinnerung aus Kindertagen. Dies zeigte mir, es ist wahr. Wir planen unser Leben, bevor wir es antreten. Selbst zu unseren Krisen haben wir die Einwilligung gegeben. Denn aus seelischer Sicht bedeutet jede Krise die Chance zum Wachstum und zur Entwicklung der Persönlichkeit.
Steckt man dann als Mensch in einer solchen Lage, kann man sich überhaupt nicht vorstellen, das alles selbst geplant zu haben. Aber auch das wusste die Seele vorher.
Eine andere Erinnerung, die bei mir auftauchte, war wohl eine Situation kurz vor meiner Inkarnation. Ich konnte mir beim besten Willen nicht vorstellen, mich nicht mehr an mein wahres Sein erinnern zu können. Ich nahm mir fest vor, mir diesmal ganz viel Mühe zu geben, um nicht wieder zu vergessen, wer ich wirklich bin und woher ich komme.
Es ist mir aber nicht wirklich geglückt. Auch alle Versuche, weitere Dinge zu meiner „vorgeburtlichen“ Planung herauszubekommen, sind missglückt. Inzwischen nehme ich es so hin, wie es ist, denn mir wurde klar: Wenn wir alles wüssten, was und warum wir es geplant haben, würde keine Entwicklung mehr stattfinden. Sieht man einen spannenden Film zum zweiten Mal, ist er längst nicht mehr so spannend wie beim ersten Mal. Wir kennen ja den Ablauf und wissen, wie er ausgeht.

Auf der Bühne des Lebens

Wir können uns die Interaktionen der Seelen untereinander mit Hilfe eines Theaters oder eines modernen Rollenspiels vorstellen. Stell dir einfach vor, die Seelen wären Schauspieler, die sich auf eine bestimmte Rolle vorbereiten. Bevor das Theaterstück, das unser Leben auf der Erde repräsentiert, beginnt, müssen alle Schauspieler, also alle Seelen, die darin mitspielen, ihre Rolle festlegen. Das Drehbuch wird vorher geschrieben, wobei es für jede Seele Ereignisse gibt, die ganz sicher geschehen sollen, und andere, die geschehen können. Man kann es wohl am besten mit einem modernen Fantasy-Rollenspiel vergleichen, bei dem vorher wesentliche Regeln festgelegt werden, aber den Teilnehmern noch der eigene Wille und ein großer Handlungsspielraum überlassen wird.
Die Seelen beratschlagen, wer wann auf der Bühne des Anderen zu erscheinen hat, in welchem Verhältnis sie zu zueinander stehen wollen, was wann geschehen und nicht geschehen soll. Sie vereinbaren, an welchen Stellen sie improvisieren können und welche Ereignisse sie festlegen möchten.

Jeder spielt in seinem eigenen Leben natürlich die Hauptrolle. Wir werden Menschen begegnen, die in unserem Leben für uns eine Hauptfigur spielen, und wir werden anderen begegnen, die nur kurz als Statisten auftauchen. Manche begegnen uns nur, um uns ein Stückchen weiter zu bringen, uns eine Richtung zu weisen oder um uns etwas mitzuteilen, bevor sie wieder komplett aus unserem Leben verschwinden. Jeder hat es sicher schon einmal erlebt, dass, hätte ein bestimmter Mensch zu einem bestimmten Ereignis nicht genau das gesagt oder getan, was er eben gesagt oder getan hat, wohl alles ganz anders gekommen wäre. Das sind die scheinbaren Zufälle unseres Lebens. Scheinbar deshalb, weil wir sie zuvor selbst mit den anderen Schauspielern/Seelen vereinbart haben. Auch wir selbst waren für andere sicher schon ein Schlüssel zu einer Wende in ihrem Leben, ob uns das bewusst ist oder nicht.
Treten wir nun als Schauspieler auf die Bühne, beginnen also das Leben im Körper, vergessen wir plötzlich all die anderen und unsere Planung. Im Leben angekommen, sind wir die Rolle, die wir uns ausgesucht haben. Wir sind nun die Figur unseres eigenen Lebensschauspiels und identifizieren uns voll und ganz mit ihrer Rolle und ihrem Charakter, als wären wir nur das und als gäbe es nichts Anderes.
Der echte Schauspieler ist sich die ganze Zeit über bewusst, dass er eine Rolle spielt – wir sind uns darüber nicht im Klaren. Bei uns entsteht dieses Bewusstsein, dass alles „ein von uns selbst kreiertes Stück war", erst dann wieder, wenn wir die Bühne, die Erde verlassen und in unsere wahre Heimat zurückkehren. Hier werden wir dann mit den anderen Schauspielern, den anderen Seelen das Erlebte und Gelernte besprechen und uns austauschen.

Die Bewusstseinsfindung auf Erden

Die Aufgaben der Seele im menschlichen Körper sind sehr komplex. Es geht dabei unter anderem um unsere Bewusstwerdung, Transformation und unseren Lebensplan. Diese drei Aufgaben bedingen und beinhalten sich gegenseitig.
Die Seele sucht sich hier in der Dualität diese Bedingungen, um als Mensch ihr wahres Sein zu vergessen. Das Ziel ist: sich schrittweise – Leben für Leben – wieder zu erinnern, sich seiner selbst bewusst zu werden und Bewusstheit zu erlangen durch den gelebten Ausdruck der in der Seele enthaltenen Potenziale. Durch diese Bewusstwerdung findet Transformation in und rund um uns statt. Wir transformieren die Dunkelheit/das Unbewusste in Licht/Bewusstheit. Dadurch kann man sehen: Transformation entsteht durch Bewusstwerdung. Sie ist sozusagen deren natürliche Folge. Der Seele geht es darum, sich in voller Absicht in die Dunkelheit, das Unbewusste zu begeben, um sich selbst zu finden. Durch den Lebensplan und die Interaktionen mit anderen Seelen ist der Mensch in der Lage, immer mehr Bewusstheit zu erlangen, um sein wahres Sein als spirituelles Wesen zu erkennen.
Viele Menschen identifizieren sich zu sehr (um nicht zu sagen: fast nur) mit ihrem Körper. Unser Körper ist in diesem Leben jedoch „nur" ein Gefäß für unsere Seele, ein wundervolles Vehikel, mit dem wir hier auf Erden Kontakt mit der materiellen Welt aufnehmen können. Wir sollten ihn daher pfleglich und sorgsam behandeln, um ihn gesund zu erhalten, damit wir in ihm unsere Lebensaufgabe zur Entfaltung brin-

gen können. Manche sind durch einen Unfall oder von Geburt an behindert oder haben ein körperliches Gebrechen. Dadurch können die eigene Seele und auch die Seelen der Angehörigen oder Freunde wachsen. Das klingt grausam für uns Menschen. Doch wie schon erwähnt, sind für die Seele solche Gegebenheiten weder grausam noch ungerecht, sondern bieten einzig und allein die Chance, Erfahrungen zu machen, die sie eben nur auf diese Weise machen kann.
Die Einheit von Körper, Geist und Seele wird inzwischen allgemein in der Naturheilkunde, der Kosmetik, im Sport und auch immer mehr in der Schulmedizin berücksichtigt. Wir sollten uns nie als nur aus Teilen zusammengesetzt betrachten. Unsere momentane Ganzheit auf Erden besteht aus der Einheit von Körper, Geist und Seele. Nach dem Tod lösen wir uns von unserem Körper und lassen ihn auf der Erde zurück, aus deren „Material" er gemacht ist. Wir bestehen aus den Elementen, die auf der Erde vorkommen. Nach dem Tode löst sich unsere Persönlichkeit aber nicht in Luft auf. Sie ist in der Seele enthalten wie alles, was wir waren, sein werden und sein können. Die Seele speichert unsere Lebensausdrücke. Allerdings nehmen wir bei jeder Inkarnation eine andere Persönlichkeit an. Unsere jeweilige Persönlichkeit im jeweils aktuellen Leben ist einmalig. Wir waren noch nie der- bzw. diejenige, der/die wir heute sind, und werden auch nie mehr so sein. Unsere Seele ist viel mehr, als wir gegenwärtig von ihr wahrnehmen. In ihr liegt all unser Potenzial enthalten, von dem wir in einer Inkarnation immer nur einen Teil leben. Die Seele hat sich als Ausdruck für ihre Inkarnation spezielle Merkmale ausgesucht, mit denen sie ihr Leben gestalten möchte. Aber auch dies soll nicht missverstanden werden. Es hört sich vielleicht so an, als wären wir nur ein erbärmlicher Teil eines herrlichen, mächtigen „Überwesens". Sicherlich leben wir jetzt einen speziellen Teil unserer Seele, aber dennoch haben wir durch unser Unterbewusstsein immer und zu jeder Sekunde den Zugang zu all dem, was diese unsere Seele ist. Zu diesem Potenzial, das in ihr enthalten ist, können wir durch Meditationen und spirituelle Arbeit Zugang erlangen.
Erleuchtung ist Bewusstwerdung auf allen Ebenen und betrifft somit unsere Einheit von Körper, Geist und Seele. Alle Drei sind gleich wichtig. Natürlich sollten wir uns nicht übermäßig mit unserem Körper identifizieren, aber wir sollten ihn auch nicht außer Acht lassen. Bewusstwerdung schließt die körperliche Ebene ebenso mit ein wie die Seele und den Geist. Körperliche Übungen sowie Fasten sind Teile des Weges zur Bewusstwerdung. Wenn man völlig mit dem Körper verbunden ist, nimmt man sich selbst und seine Umgebung viel klarer wahr und ist somit in seiner inneren Mitte. Das ist auch unter anderem der Grund, warum es bei vielen Religionen Zeiten des Fastens gibt, wie zum Beispiel Ramadan bei den Moslems und die christliche Fastenzeit vor Ostern. Die schrittweise Bewusstwerdung bringt uns letztendlich zur Erleuchtung, sie ist der Weg dorthin. Wie auch bei vielen anderen Dingen ist der Weg das Ziel und sollte deshalb geehrt werden. Die Bewusstwerdung kann und soll sich im Körper vollziehen.
Begrenzungen bereiten wir uns nur selbst oder lassen es zu, sie uns von anderen auferlegen zu lassen. Wir haben die Möglichkeit, Zugang zu unserem gesamten Potenzial unserer Seele zu bekommen, wir müssen das nur anerkennen, was oft genug die größ-

te Schwierigkeit für uns ist. Wir haben nicht vor unserem Schatten Angst, sondern davor, unser Licht zum Ausdruck zu bringen.

Dazu passt wunderbar ein Text von Nelson Mandela:
Unsere tiefste Angst ist es nicht,
ungenügend zu sein.
Unsere tiefste Angst ist es,
dass wir über alle Maßen kraftvoll sind.
Es ist unser Licht, nicht unsere Dunkelheit,
was wir am meisten fürchten.
Wir fragen uns, wer bin ich denn,
um von mir zu glauben, dass ich brillant,
großartig, begabt und einzigartig bin?
Aber genau darum geht es,
warum solltest du es nicht sein?
Du bist ein Kind Gottes.
Dich klein zu machen nützt der Welt nicht,
es zeugt nicht von Erleuchtung, sich zurückzunehmen,
nur damit sich andere Menschen um dich herum
nicht verunsichert fühlen.
Wir alle sind aufgefordert, wie die Kinder zu strahlen.
Wir wurden geboren, um die Herrlichkeit Gottes,
die in uns liegt, auf die Welt zu bringen.
Sie ist nicht in einigen von uns,
sie ist in jedem.
Und indem wir unser eigenes Licht scheinen lassen,
geben wir anderen Menschen unbewusst die Erlaubnis,
das Gleiche zu tun.
Wenn wir von unserer eigenen Angst befreit sind,
befreit unser Dasein automatisch die anderen.

Seelische Zusammenhänge

Wir können mit unserem menschlichen Verstand nur sehr schlecht nachvollziehen, wie die Welten der Seele aussehen. Wir sind unsere lineare Zeit und unsere Vierdimensionalität gewöhnt und können uns kaum vorstellen, wie es ist, interdimensional zu sein (obwohl wir (unsere Seele) das ja bereits sind und schon immer waren). Die Dualität, der wir im Körper unterliegen, verhindert das.
Hier auf der Erde erleben wir die Illusion der absoluten Trennung, das Alleinsein. Auf der Erde wirken Dualität und Polarität.
Bevor die Seelen begannen, sich in die materielle Welt hinein zu inkarnieren, waren sie alle EINS. Jede Seele war mit jeder anderen Seele absolut verbunden. Es bestand keine Unterscheidung zwischen Du und Ich. Alle waren sowohl sie selbst als auch

alle anderen, ein Zustand, den wir uns beim besten Willen nicht vorzustellen vermögen. Wir, unsere Seelen, existierten mit allen anderen Seelen zusammen in einer großen „Seelenwolke". Die einzelne Seele war sich ihrer selbst nicht bewusst.
Dann entwickelte sich Bewusstsein in jeder einzelnen Seele. Und zwar das Bewusstsein von sich selbst. Es gab plötzlich Unterscheidung. Sie nahmen sich selbst sowie sich gegenseitig als Wesen mit dem Potenzial aller Möglichkeiten, sämtlicher Ausdruckschancen war.
Die Wesenheit, die wir als Gott bezeichnen, sehe ich als die Einheit der Seelen an. Gott ist die Summe aller Seelen. Jede Seele ist ein Teil des Göttlichen und somit selbst göttlich. Aber dennoch ist das Ganze größer als die Summe seiner Teile. Die Einheit (Seelenwolke) besaß schon immer Bewusstsein – aber nur als Kompendium. Dieses Bewusstsein drang dann in jede einzelne Seele ein.
Da die Seelen alle Möglichkeiten des Seins in sich tragen, suchten sie sich einen Weg, um ihr Sein erfahren zu können. Das gesamte Potenzial ist in jeder Seele gleichermaßen vorhanden – sie waren/sind alle absolut gleich/identisch. Da jede Seele die Summe des gesamten schöpferischen, göttlichen Potenzials in sich trägt, ersehnten sich die Seelen, einen Weg des Ausdrucks zu beschreiten, um all diese Möglichkeiten zu erfahren und dadurch sich selbst zu erkennen. Das Sein ist lediglich das Modell des Potenzials. Das Leben lässt es erfahrbar und begreifbar machen und verhilft dadurch dem Sein der Seele zur Erkenntnis ihrer selbst. Für ihre Entwicklung war es also notwendig, sich in materiellen Körpern in einer Welt, beherrscht von Polarität und Dualität, zu inkarnieren. In der Polarität ist das Erfahrungsspektrum der Gegensätze und allem, was zwischen den Gegensätzen existiert, vorhanden. In der Polarität gibt es Schwarz und Weiß, Oben und Unten, Links und Rechts, Minus und Plus usw. Aber das ist längst noch nicht alles. Die Polarität bietet den Seelen nicht nur ein „Entweder-oder", sondern ein „Sowohl-als-auch". Denn es gibt ja nicht nur – um beim ersten Beispiel zu bleiben – Schwarz und Weiß, sondern auch sämtliche Graustufen in ihren verschiedenen Helligkeitsabstufungen dazwischen. Die Bandbreite seelischer Erfahrungen in der Polarität ist also enorm.
Ein Beispiel. Selbst die Jahreszeiten sind nicht immer gleich. Nehmen wir nur mal den Frühling: Kein Frühling, den wir erleben, wird einem anderen Frühling gleichen. Obwohl es sich ja immer um den Frühling handelt, wird es so sein, dass die Bäume mal früher, mal später Knospen treiben. Auch das Wetter ist niemals identisch. Sicher gibt es Ähnlichkeiten, sonst wäre es nicht Frühling, aber es ist jedes Mal ein bisschen anders und einmalig.
Die Seelen inkarnieren in Etappen; es verkörpern sich nicht alle Seelen zur selben Zeit. Das so genannte Seelenalter kommt auf diese Weise zu Stande. Wir bezeichnen Seelen, die unter den ersten sich Inkarnierenden waren, als „Alte Seelen". Sie haben schon oft in einem Körper gewohnt. Andere Seelen waren noch nicht so oft inkarniert. Sie werden als „Junge Seelen" bezeichnet. Hier soll keine Wertung stattfinden. Die „Alte Seele" ist nicht besser als eine sehr „Junge Seele", nur weil sie schon öfters inkarniert war. Durch die Inkarnationsetappen entstand auch das Phänomen der Seelenfamilien – obwohl wir ja alle EINS mit allen anderen Seelen sind.

Wie kann man dann mit einigen mehr und mit anderen weniger verwandt sein? Wir fühlen uns mit der Seelengruppe, mit der wir anfingen zu inkarnieren, besonders verbunden. Diese Gruppe ist unsere Seelenfamilie, sie besteht aus uns und unseren Seelengeschwistern. Selbstverständlich trafen wir im Laufe unserer Inkarnationen immer wieder auch Seelen aus anderen Inkarnationsintervallen. Mit diesen Seelen erschufen wir manchmal das, was wir als Karma bezeichnen.

Reminiszence – Erinnerung!

Waren unsre Wesen schon verflochten?
War es darum, dass die Herzen pochten?
Waren wir im Strahl erlosch'ner Sonnen,
In den Tagen lang verrauschter Wonnen
Schon in Eins zerronnen?
Ja, wir waren's! – Innig mir verbunden
Warst du in Äonen, die verschwunden;
Meine Muse sah es auf der trüben
Tafel der Vergangenheit geschrieben:
Eins mit deinem Lieben!
Und in innig festverbund'nem Wesen,
Also hab' ich's staunend dort gelesen,
Waren wir ein Gott, ein schaffend Leben,
Und uns ward, sie herrschend zu durchweben,
Frei die Welt gegeben.
Uns entgegen gossen Nektarquellen
Ewig strömend ihre Wolllustwellen!
Mächtig lösten wir der Dinge Siegel,
Zu der Wahrheit lichtem Sonnenhügel
Schwang sich unser Flügel.
Weine, Laura! Dieser Gott ist nimmer,
Du und ich des Gottes schöne Trümmer,
Und in uns ein unersättlich Dringen,
Das verlorne Wesen einzuschlingen,
Gottheit zu erschwingen.
Darum, Laura, dieses Glutverlangen,
Ewig starr an deinem Mund zu hangen,
Und die Wollust, deinen Hauch zu trinken,
In dein Wesen, wenn sich Blicke winken,
Sterbend zu versinken.
Darum flieh'n, wie ohne Widerstreben
Sklaven an den Sieger sich ergeben,
Meine Geister hin im Augenblicke,
Stürmend über meines Lebens Brücke,
Wenn ich dich erblicke.
Darum nur entlaufen sie dem Meister,
Ihre Heimat suchen meine Geister,
Losgerafft vom Kettenband der Glieder,
Küssen sich die lang getrennten Brüder
Wiederkennend wieder.
Und auch du – da mich dein Auge spähte
Was verriet der Wangen Purpurröte?
Floh'n wir nicht, als wären wir verwandter,
Freudig, wie zur Heimat ein Verbannter,
Glühend aneinander.

Friedrich von Schiller

Teil 2 - Seelische Beziehungen – Dualseelen, Seelengeschwister, Seelengefährten und karmische Verbindungen

Was versteht man unter einer seelischen Beziehung?

Wenn man davon ausgeht, dass alle Seelen EINS und wir alle miteinander verbunden sind, dann stellt sich die Frage, was unter seelischen Beziehungen eigentlich zu verstehen ist. Haben wir dann nicht zu allen anderen Seelen eine Beziehung?
Wir haben natürlich auf seelischer Ebene alle untereinander Verbindungen, gehören wir doch alle zusammen und bilden miteinander ein großes Ganzes. Dennoch bestehen zu gewissen Seelen ganz besondere Verbindungen, die wir zu anderen nicht haben. Diese Verbindungen beziehen sich sowohl auf die Ebene der Seelen als auch auf die materielle Welt sowie unser Leben auf der Erde infolge unserer Inkarnationen hier.
Eine seelische Beziehung ist eine Beziehung zu einem anderen Menschen, mit dessen Seele eine spezielle Aufgabe oder Verbundenheit besteht. Diese Aufgabe oder Verbundenheit hat ihren Ursprung in den Welten der Seele und betrifft uns hier auf Erden in unserer derzeitigen oder auch in vergangenen Inkarnationen. Seelische Beziehungen berühren im weitesten Sinne alle Seelen, denen wir in unseren Inkarnationen begegnet sind und die eine besondere Rolle in unserem Leben einnahmen. Im engeren Sinne sind das unsere Seelengeschwister, unsere karmischen Verbündeten und unsere Seelengefährten, also Seelen, mit denen wir eine spezifische Erfahrung oder Aufgabe vor unserer Inkarnation geplant haben. Und natürlich ganz besonders unsere Dualseele, unser zweites Selbst, unsere ewige andere Hälfte, auf die ich gleich zurückkommen werde.

Seelische Beziehungen

Die Begegnung mit einem Seelengeschwister, einem Seelengefährten, einem karmischen Seelengefährten oder gar mit der Dualseele wird von den betroffenen Menschen oft als schicksalsbedingt erlebt. Fast alle Menschen haben bei solchen Begegnungen das Gefühl von einem großartigen, unerklärlichen, mystischen oder gar heiligen Ereignis. Gefühle flammen auf, die man nicht für möglich gehalten hatte. Diese Gefühle sind nicht mit dem normalen Verstand zu erklären – sie entziehen sich jeglicher Logik. Die meisten Menschen sind sehr verwirrt nach einer solchen Begegnung, zweifeln an ihrem Verstand und können diese Ereignisse nicht einordnen. Sie haben die Empfindung, dass diese Begegnung etwas ganz Besonderes ist, und fühlen sich zu diesem Menschen auf magische Weise hingezogen. Beim besten Willen können sie keine Erklärung dafür finden. Bei einigen Begegnungen tritt auch „nur“ das Gefühl

des Wiedererkennens auf. Der andere kommt uns auf eigenartige Weise bekannt vor, obwohl man genau weiß, dass man sich noch nie begegnet ist.
Je nach Art der seelischen Verbindung wird das Gefühl dabei ein anderes sein. Aber eines ist immer gewiss: das eigentümliche Gefühl, dass bei diesem Menschen etwas ganz Besonderes vorhanden ist.
Auf den folgenden Seiten werde ich die meiner Ansicht nach bedeutungsvollsten seelischen Verbindungen mit ihren Zusammenhängen, Besonderheiten und Herausforderungen vorstellen.
Diese sind:

- die Dualseele, die auch noch Zwillingsseele oder Zwillingsflamme genannt wird
- Seelengeschwister, die Mitglieder unserer Seelenfamilie sind
- Seelenpartner, die wir immer wieder im Laufe unserer Inkarnationen treffen und mit denen uns kein Karma verbindet
- Seelenpartner, mit denen wir karmische Verbindungen haben
- „fremde“ Seelen, die wir in noch keiner Inkarnation zuvor getroffen haben

Die Lilie

Wir träumen von einander
Und sind davon erwacht,
Wir leben, um uns zu lieben,
Und sinken zurück in die Nacht,
Du tratst aus meinem Traume,
Aus Deinem trat ich hervor
Wir sterben, wenn sich eines
Im andern ganz verlor.
Auf einer Lilie zittern
Zwei Tropfen, rein und rund,
Zerfließen in Eins und rollen
Hinab in des Kelches Grund!

Christian Friedrich Hebbel (1813-1863)

Dualseelen und wie sie entstehen

Dualseelen sind zwei „Hälften“ ein und derselben Seele. Dualseelen sind EINE Seele – sie haben eine identische Seelenstruktur. Die Persönlichkeit, das Wesen und der Charakter einer jeden sind aber in der Regel unterschiedlich. Diese jeweiligen Attribute sucht sich die Seele für ihre Inkarnation aus und sie sind auf den Seelenplan jeder „Hälfte“ genau abgestimmt. Durch die Unterschiedlichkeit der Persönlichkeiten befinden sich die Seelen in ständiger Bewegung und Entwicklung.
Wie kam es zu der Entstehung der Dualseelen? Die Seelen vereinzelten sich also immer mehr. Was am Anfang EINS war, eine „Seelenwolke“, splitterte sich auf in einzelne Verbände. Diese Aufsplitterung diente zur Vorbereitung für die Inkarnatio-

nen. Um in der Dualität inkarnieren zu können, musste sich der kleinste Teil, die Einzelseele, noch einmal teilen. Sie teilte sich in zwei **vollständige** „Hälften".
Manchmal wird diese Trennung mit dem Gleichnis der Münzen erklärt. Dabei sollte man sich eine Münze vorstellen, die geteilt wurde. Nun ist diese Münze nicht mehr ganz, sie wurde in Vorder- und Rückseite gespalten, es sind also zwei gleich große Hälften aus ein und derselben Münze entstanden. Jede dieser Hälften stellt ein anderes Bild dieser Münze dar. Die eine die Vorder-, die andere die Rückseite. Diese Metapher klingt in Bezug auf die Dualseelen ganz gut, aber sie hinterlässt den Eindruck, dass jede Hälfte für sich unvollständig ist. Das ist aber nicht so. Die beiden Seelenhälften sind zwar Hälften einer Seele, aber dennoch sind sie jede für sich vollständig. Sie bilden zusammen ein gemeinsames Größeres ihrer Selbst. Sie ergänzen sich auf eine Art und Weise, die der einzelnen Hälfte nicht ihre eigene Vollständigkeit abspricht, sondern sie in der gegenseitigen Ergänzung wieder zu ihrem ursprünglichen Sein zurückbringt. Sie sind zwei, die eines sind.
Dieses Paradox ist mit unserem menschlichen Verstand nicht einfach zu begreifen, leben wir doch hier das Prinzip der seelischen Trennung: Alles auf dieser Welt scheint klar voneinander getrennt zu sein. Das scheint so, weil wir durch unsere körperlichen Augen blicken und mit ihnen unsere Feinstofflichkeit nicht mehr erkennen können. Wir haben auch meist Probleme, das „Sowohl als auch" zu verstehen, neigen wir doch eher zum ausschließenden „Entweder oder".
Ich möchte es lieber so erklären: Stelle dir einen Wassertropfen vor, der in zwei kleinere Tropfen geteilt wird. Diese zwei kleineren sind jeder für sich ein richtiger Tropfen. Und wie sich Wassertropfen immer dann, wenn sie die Gelegenheit dazu haben, wieder zu einem größeren vereinen, so geschieht das auch mit den Seelenhälften. Sie komplettieren sich in der Art, die sie vollständig werden lässt, zu ihrem wahren, größeren, gemeinsamen Sein; die ihnen aber dennoch ihre eigene Vollständigkeit nicht abspricht. In Wahrheit sind sie auch nicht wirklich getrennt. Ihre Verbindung besteht jenseits physischer Trennung, da Dualseelen auf spiritueller Ebene eins sind.
Genauso wie wir mit allen Seelen eine gemeinsame energetische Verbindung haben und EINS mit ihnen sind, so sind wir das auf eine ganz besondere Weise auch mit unserer Dualseele. Diese Verbindung ist einmaliger Art; stellt sie doch den anderen Pol unseres Selbst dar. Für den Teil, der wir ja sonst auch noch sind, nämlich unsere Seele, besteht die Trennung nicht – auch nicht die Trennung von der Dualseele. Sicher ist das für uns schwierig zu glauben und zu verstehen, zu tief stecken wir noch in der Dualität und Vereinzelung. Menschen jedoch, die durch Meditationen oder andere bewusstseinserweiternde Techniken einen Blick in ihre Seele und so in andere Welten und Dimensionen erleben konnten, wissen und fühlen, dass das, was wir von uns kennen, längst noch nicht alles ist. Sie erfassen, dass unser wahres Ich weitaus mehr und größer ist als das, was wir von uns kennen und wahrnehmen und dadurch zu sein glauben.
Wenn ich hier nun die beiden Aspekte der Dualseele als Seelenhälften bezeichne, dann mache ich das in Ermangelung eines geeigneteren Wortes. Ich bitte dich daher, die zwei „Hälften" so zu sehen, wie ich es oben beschrieben habe, nämlich nicht als

zwei unvollständige, sondern als zwei vollständige Wesenheiten, die im Grunde EINE Wesenheit sind.

Auf der Erde leben wir also in der Dualität und Polarität. Um sich in der Dualität verkörpern und um somit duale/polare Erfahrungen machen zu können, mussten/wollten sich die Seelen in zwei „Hälften“ teilen. Wie bei dem allseits bekannten Yin-Yang-Symbol besteht jede „Hälfte“ aus einer ihr eigenen Energie, wobei jedoch die ursprüngliche Seelenessenz, die Seelenstruktur vollkommen identisch ist. Jede „Hälfte“ trägt aber auch ein kleines Stück ihres anderen Seelenanteils in sich. Die Seele spaltet sich nicht in zwei reine Teile auf, sondern wird immer ein Stückchen ihres Gegenparts beinhalten. Das ist ebenfalls notwendig, um in der Dualität weilen zu können. Denn dort gibt es nicht nur Schwarz und Weiß, Liebe und Hass, Tag und Nacht, Oben und Unten, sondern auch sämtliche Abstufungen dazwischen. Und um diese Abstufungen geht es den Seelen. Sie wollen nicht nur die extremen Gegensätze erleben und erfahren, sondern auch alles, was dazwischen liegt.

Dieses Dazwischen ist der Faktor, der die Dualseelen aneinander wachsen lässt. Dieses Dazwischen ist der Weg, den jede „Hälfte“ zurücklegt, um mit ihrer anderen „Hälfte“ wieder zu einem Gemeinsamen werden zu können.

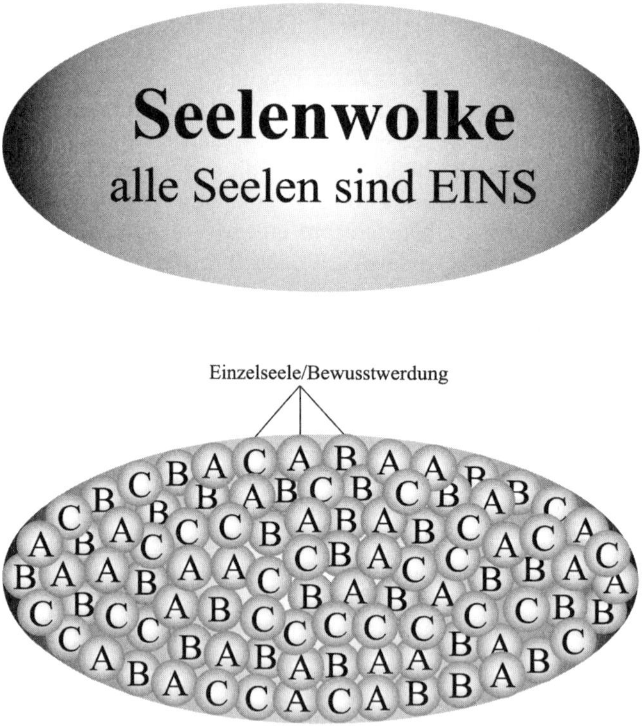

Seelen A inkarnieren gemeinsam. Sie gehören zu einer Seelenfamilie und werden als Seelengeschwister bezeichnet. Sie verbindet die Tatsache des gleichzeitigen Beginns der Bewusstwerdung und somit der Inkarnationen. Seelen B und Seelen C sind ebenfalls Seelengeschwister.

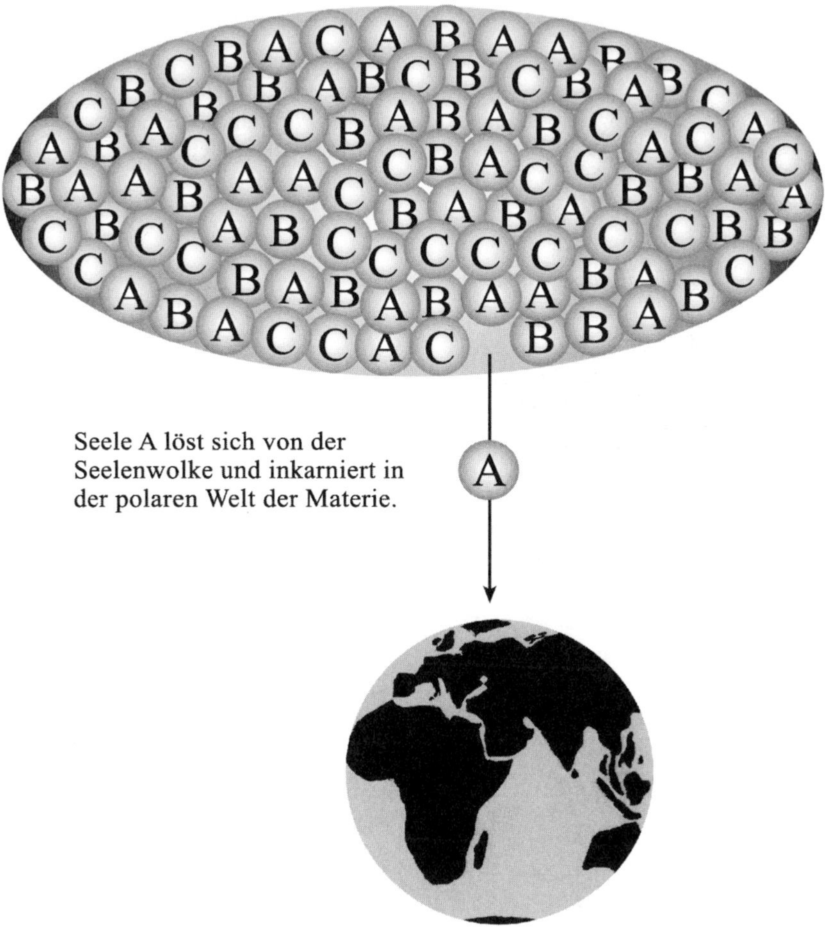
Seele A löst sich von der
Seelenwolke und inkarniert in
der polaren Welt der Materie.

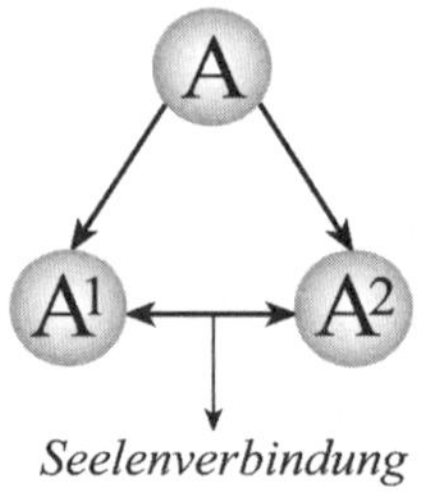

Bevor Seele A in die Materie eintritt, spaltet sie sich in zwei duale Seelenaspekte – die Dualseelen sind entstanden.

Ein Dualseelenaspekt ist inkarniert, während sich der andere Teil in der Astralwelt aufhält und seine nächste Inkarnation vorbereitet.

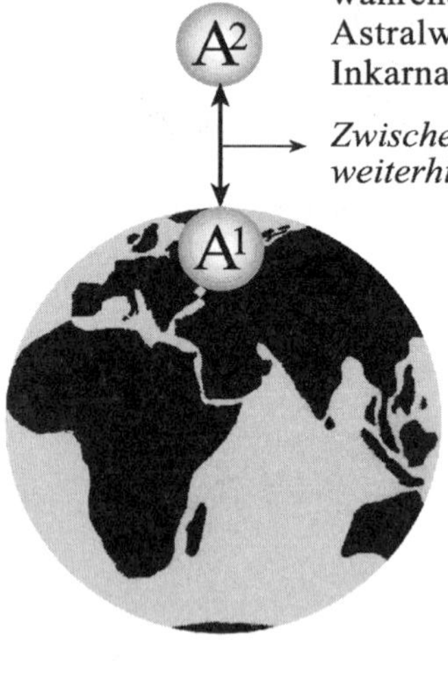

Zwischen den Dualen besteht weiterhin die Seelenverbindung.

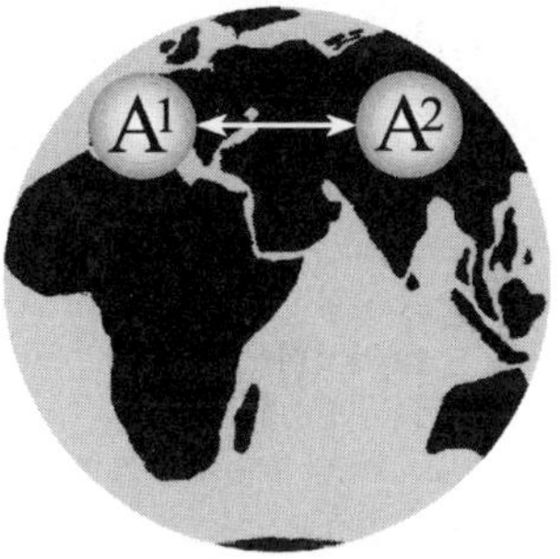

Beide Duale sind gleichzeitig inkarniert:
Die Seelenverbindung besteht,
auch wenn sie sich nicht begegnen.

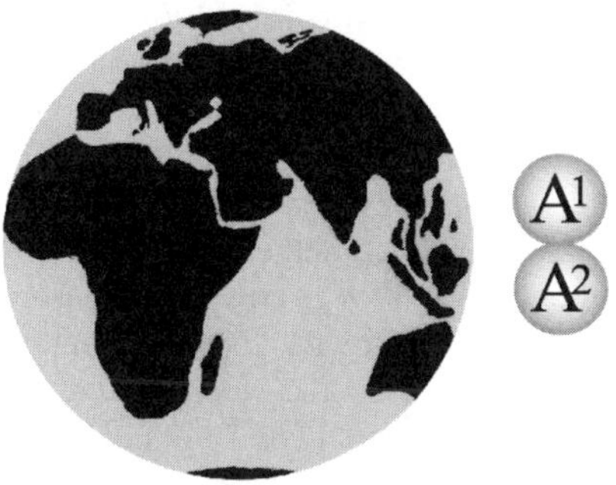

Beide Duale sind nicht inkarniert.
Sie bilden jedoch weiterhin
zwei Aspekte eines Ganzen.

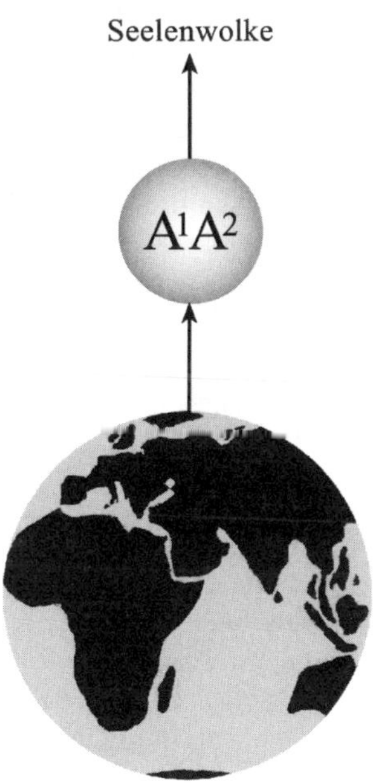

Erst nach abgeschlossenen Inkarnationen
vereinen sich die Duale wieder und treten
gemeinsam als Eines in die Seelenwolke ein.

Die Liebe zwischen Dualseelen

Die Liebe zwischen Dualseelen ist immer vorhanden. Sie muss nicht erst entstehen. Trifft man seine Dualseele auf Erden, so ist die Liebe schon da. Das verwirrt die meisten Menschen ziemlich. Dennoch entsteht zwischen ihnen in der Phase der ersten Begegnung meist eine stürmische Verliebtheit, die durch eine ungeheure Anziehung und Sehnsucht geprägt ist. In der Verliebtheitsphase merkt man, dass da noch etwas ist, das weit über das bloße Verliebtsein hinausgeht. Dieses Etwas ist mit Worten nicht zu beschreiben. Es fühlt sich großartig und mysteriös zugleich an und wirft unweigerlich die Frage auf: „Was ist das nur mit diesem Menschen?"
Sicher waren wir alle schon öfters heftig verliebt, mit allen Erscheinungen wie Sehnsucht, Anziehung usw. Bei der Dualseele ist all das in verstärkter Form vorhanden, geht aber noch weit über das „normale" Verliebtsein hinaus. Dieses unbekannte Etwas ist die Essenz, das Seelenband, welches die beiden Duale ständig verbindet. Diese Essenz bildet die Ursubstanz, aus der beide „Hälften" gemacht sind. Die Liebe besteht, weil die Seele des anderen die eigene Entsprechung, die eigene Uressenz ist. Die unbeschreiblichen Gefühle, die auftreten, wenn man seine Dualseele trifft, machen es ist anfänglich unmöglich, sie zu erklären, geschweige denn zu erfassen. Es ist die eigene Seele, die wir im Anderen erblicken, die eigene Großartigkeit und das eigene Sein. Schaut man in die Augen des Anderen, so hat man das Gefühl, sich selbst anzublicken. Diese enorme Vertrautheit entstammt dem Urgrund der Seelen, die sich durch die Augen des anderen menschlichen Wesens erblicken und erkennen. Normale Berührungen wie Händchenhalten sind von einer unbeschreiblichen Energie erfüllt. Solche Berührungen sind natürlich auch bei „normalem" Verliebtsein wunderschön. Mit der Dualseele ist hier aber auch noch dieses unbegreifliche Gefühl des Erkennens derselben Seelensubstanz gegeben. Der andere fühlt sich an, wie man sich selbst anfühlt. Das ist jedem, der das nicht selbst erlebt hat, nur schwer zu beschreiben. So, wie sich die Seele durch die Augen erkennen lässt, so drückt sie sich durch die Hände aus. Bei Berührungen durch die Dualseele begegnet man sich selbst im Anderen. Es fühlt sich ohne Zweifel an wie eine Seele in zwei Körpern.
All diese Gefühle sind mit Worten nur sehr unzureichend zu beschreiben. Wer seine Dualseele getroffen hat, der wird jedoch wissen, was ich meine.

Das Wiedersehen der Dualseelen auf Erden

Dualseelen treffen sich nicht in jeder Inkarnation. Sie gehören trotzdem untrennbar zusammen. Sie werden sich begegnen, wenn die Zeit dafür reif ist. Die Dualseele muss nicht unbedingt unser Lebenspartner sein. Sie kann gleich- oder gegengeschlechtlich, in der gemeinsamen Inkarnation mit uns verwandt, jünger oder wesentlich älter sein. Es ist auch möglich, dass sie auf einem anderen Kontinent wohnt.
Einige Menschen glauben, dass sich Dualseelen gerade in dieser heutigen Zeit, dem Wassermannzeitalter, besonders häufig begegnen. Das ist gut möglich, wenn man bedenkt, dass gerade heutzutage sehr viele Seelen in Menschengestalt die Erde bewohnen. Auch besitzen wir durch unsere derzeitige Kommunikationstechnik – Tele-

fon, E-Mail, Internet usw. – nie da gewesene Möglichkeiten, mit anderen Menschen in Kontakt zu treten. Manche sagen, sämtliche Seelen, die schon einmal hier waren, wären jetzt alle zusammen auf der Erde verkörpert. Da wäre es kein Wunder, wenn Dualseelen sich vermehrt begegneten. Natürlich gab es auch schon in früheren Zeiten das „Phänomen“ der Dualseelen. Etliche Gedichte, Geschichten, Märchen, Sagen, Mythen berichten davon. Wenn man zum Beispiel die Gedichte von Annette v. Droste Hülshoff an Lewin Schücking liest und um ihre besondere Verbindung und Liebe zueinander weiß, dann kann man sehr gut glauben, dass es sich bei den beiden um Dualseelen gehandelt haben musste. Auch in berühmten Werken wie „Romeo und Julia“ kann man das Dualseelen-Thema erkennen. An solchen Geschichten ist oft zu sehen, dass Dualseelen Schwierigkeiten haben, zusammenzukommen. Häufig sind ihnen große Steine in den Weg gelegt, die sie überwinden müssen, um sich dann letztendlich glücklich in die Arme fallen zu können. So geschieht es auch im realen Leben – Dualseelen sind oder werden oft voneinander getrennt. Diese Schwierigkeiten helfen ihnen bei ihrer Entwicklung enorm – auch wenn sie manchmal unüberwindlich erscheinen mögen. Aber auch im realen Leben gibt es ein Happy End! Das muss freilich nicht in dieser Inkarnation geschehen – aber wir haben ja Zeit bis in alle Ewigkeit.

Begegnungen mit der Dualseele geschehen nicht zufällig. Sie wurden vor der Inkarnation von beiden Teilen geplant. Möglich ist, dass die eigene Dualseele in der gleichen Stadt, ja sogar in derselben Straße wohnt und wir ihr niemals begegnen werden, da wir es nicht geplant haben und ein Treffen für dieses Leben auch nicht sinnvoll ist. Dann wiederum kann es sein, dass die Dualseele am anderen Ende der Welt zu Hause ist. Wenn wir geplant haben, unsere Dualseele zu treffen, dann werden wir das auch tun, egal wo sie lebt. Viele Menschen berichteten mir von einer Verkettung seltsamer „Zufälle“, durch die sie ihre Dualseele kennen gelernt haben.

Ich halte nichts von irgendwelchen Praktiken, die einem die Dualseele ins Leben rufen sollen. Wenn wir mit ihr kein Wiedersehen für dieses Leben geplant haben, dann werden wir uns in diesem Leben auch nicht treffen. Auch nicht, wenn wir spezielle und dafür eigens entwickelte Meditationen durchführen oder sonst etwas tun, um sie anzuziehen.

In Meditationen kann man jedoch Kontakt mit der Dualseele, mit ihrer Essenz bekommen. Wir können unsere andere „Hälfte“ fühlen, ihr unsere Liebe schicken und uns mit ihr auf diese Weise treffen, auch wenn ein realer Kontakt nicht vorgesehen ist. Wenn die Zeit dafür reif ist und wenn wir es verabredet haben, werden wir unserer Dualseele von ganz alleine begegnen. Wir müssen nichts dafür tun.

Wenn die Zeit für die Begegnung mit der Dualseele reif ist

Mir begegneten einige Menschen, die eine wundervolle Zeit mit ihrer Dualseele verbrachten. Dann tauchten irgendwann Schwierigkeiten und Probleme auf, teils von außen, teils durch ihre Beziehung zueinander, mit dem Ergebnis, dass sie sich trennten. Diese Menschen meinten dann, die Zeit sei wohl doch noch nicht reif für sie und ihre Dualseele gewesen und sie wären wohl zu früh auf sie getroffen.

Dazu kann ich nur sagen: Die Zeit ist immer reif, wenn sich die Dualseelen treffen! Immer, sonst würden sie sich nicht begegnen. Aber wer sagt denn, dass dieser Zustand ein Leben lang währen wird? Dies wünschen sich unser Herz und unsere Sehnsucht! In Wahrheit ist es so, dass die Zeit für ein Aufeinandertreffen der Dualseelen immer mal wieder „reif" ist. So wie auf den Frühling der Sommer und auf den Sommer der Herbst mit der Reife der Früchte und der Ernte folgt, so folgt auf den Herbst der Winter, die Zeit der Ruhe und Besinnung. Aber auf jeden Winter folgt unweigerlich der Frühling, die Zeit des Neubeginns und der Kreis schließt sich wieder.
Wir werden unserer Dualseele immer wieder begegnen, manchmal in ein und demselben Leben und manchmal auch in einem anderen Leben. Also, wenn wir unsere Dualseele treffen, dann ist es nicht zu früh dafür. Die eventuell auftretenden Probleme und Trennungen von unserer Dualseele gehören dazu und dienen unserem Wachstum und natürlich auch dem Wachstum unserer Dualseele.

Das Erkennen der Dualseele

Es kann vorkommen, dass man seine Dualseele nicht gleich auf den ersten Blick erkennt. Man hat aber wohl das Gefühl, etwas gefunden zu haben, das man schon lange gesucht hat. Häufig entsteht sehr schnell eine so große Vertrautheit, als würde man sich schon ewig kennen. Jede Trennung schmerzt. Man möchte alles zusammen tun und sich niemals mehr voneinander lösen müssen. Man sieht in die Augen des anderen und weiß augenblicklich, was er denkt und fühlt. Auch besteht eine tiefe gegenseitige Liebe, die sich in keine der bekannten Schubladen einordnen lässt. Die Liebe, die zwischen Dualseelen besteht, ist die reine Liebe und Sehnsucht nach der Seele des anderen. Es hat im tiefsten Grunde nichts mit erotischer Anziehung zu tun, wobei auch diese sicherlich vorhanden sein mag. Die beiden Seelen sehnen sich nach Verschmelzung – nach seelischer Verschmelzung, die sich in der materiellen Welt in der körperlichen Vereinigung nur sehr begrenzt erleben lässt. Dabei werden uns unweigerlich Schranken gesetzt. Wo die eigene Haut aufhört und der Andere beginnt, ist Schluss mit der Verschmelzung.
Dieses Erkennen kann eine schmerzhafte Erfahrung sein – sehnt man sich doch nach einem vollständigen Verbinden/Verschmelzen mit seiner geliebten anderen „Hälfte".
Menschen, die in ihrer spirituellen Entwicklung, zum Beispiel durch das Praktizieren einer Technik, die das teilweise Austreten aus dem Körper möglich macht, erlernt haben, mögen in dieser Hinsicht etwas weiter kommen. Aber dennoch ist eine vollständige und immerwährende Verschmelzung auf Erden nicht möglich und soll auch gar nicht sein. Jeder muss seine eigenen Erfahrungen im eigenen Körper machen. Die Verschmelzung auf Erden ist deshalb, wenn überhaupt, nur von kurzer Dauer und hinterlässt danach ein umso größeres Sehnen und den Wunsch, das Erlebte zu wiederholen.
Wenn sie sich ausschließlich von ihrem Gefühl leiten lassen, erkennen sich Dualseelen in der Regel schon bei ihrer ersten Begegnung. Das Verstehen, die Sympathie und die Liebe müssen nicht erst entstehen, sie sind seit Anbeginn tief in unserer Seele, unserem Sein enthalten.

Die Verbindung zwischen ihnen ist so enorm, dass niemand dem entgegenwirken kann. Zwischen ihnen besteht eine ganz spezielle Verbundenheit, die mit keiner Seele sonst existiert. Es gibt keine tieferen Bande als mit der Dualseele. Nur mit ihr kann dieser spezielle Gleichklang erreicht werden.

Dualseelen erkennen sich auf spiritueller Ebene wieder. Die Liebe, die zwischen ihnen besteht, ist dem „normalen“ Verstand unerklärlich. Auch haben sie häufig eine starke telepathische Verbindung miteinander. Das ist einer der Gründe, warum sie kaum etwas Wesentliches voreinander verbergen können. Beide werden das gleiche Gefühl füreinander empfinden und tief in ihrem Inneren das Wissen tragen, ihre andere „Hälfte“ gefunden haben.

Es gibt verschiedene Dinge, die sich bei den meisten Menschen, die auf ihre Dualseele treffen, einstellen. Dieses muss nicht zwingend auch auf dich und deine Dualseele zutreffen. Es gibt keine allgemeingültigen Aussagen, ob es sich tatsächlich um die Dualseele handelt. Letztendlich kann man die Wahrheit nur im eigenen Herzen fühlen.

Viele Menschen berichteten mir ihre Gefühle und Gedanken, die auftraten, als sie das erste Mal in diesem Leben Kontakt zu ihrer Dualseele hatten. Einige kannten sich zuerst nur vom Telefon oder per E-Mail. Durch einen „Zufall“ kamen sie miteinander in Kontakt. Und dann war es plötzlich für sie so, als würden sie diesen Menschen schon ewig kennen, obwohl sie ihn in Wirklichkeit erst kurz und oft nicht mal persönlich kannten. Die besondere Vertrautheit und das enorme gegenseitige Verständnis verwirrten die Betroffenen sehr. Sie teilten einander meist sehr schnell selbst äußerst private Dinge, Sorgen und Gedanken mit. Darüber wunderten sie sich am meisten und verstanden die Welt nicht mehr, wie es denn sein kann, ein derart großes Vertrauen zu einem Fremden zu haben.

Während des Kontaktes am Telefon war alles ganz klar und natürlich – erst hinterher schaltete sich der Verstand ein und Gedanken des Zweifels traten auf.

Mir erging es mit meiner Dualseele ähnlich. Schon einige Zeit, bevor ich sie persönlich kannte, hörte ich durch Freunde von ihr und wusste ihren Namen. Ich wollte sie unbedingt kennen lernen und wunderte mich über mich selbst. Denn all das, was ich über sie erfahren hatte, war nichts Besonderes. Normalerweise interessieren mich fremde Menschen nicht so brennend. Sogar den Ort, in dem sie wohnte, schlug ich im Straßenatlas nach und fieberte dem Tag entgegen, an dem ich sie treffen würde. Ich konnte mein Verhalten selbst nicht verstehen. Mein Verstand tadelte mich geradezu: Was es denn soll, meine wertvolle Zeit mit solch absurden Gedanken zu verschwenden, wo ich doch viel Wichtigeres zu tun habe?

Aber mein Herz wusste es besser. Und da kann ja wohl kaum von Verliebtheit gesprochen werden. Einen Menschen, den ich zuvor weder gesehen, noch gehört habe und von dem ich nur den Namen, den Beruf und den Wohnort wusste und nichts sonst – in so jemanden kann ich nicht verliebt sein! Und dennoch fühlte ich tief in mir, dass es nun endlich soweit war, dass ich mich auf der Spur desjenigen Menschen befand, auf den ich schon mein Leben lang gewartet hatte, um ihm zu begegnen.

Dies alles wurde mir erst im Nachhinein deutlich. Rückblickend kann ich sagen, dass jeder Puzzlestein genau passte. Auch die Gelegenheiten zur Kontaktaufnahme wurden uns präsentiert – geradezu aufgedrängt.
Die Begegnungen mit meiner Dualseele entwickelten sich allmählich zu einer Liebesbeziehung. Das Unglaubliche für mich war dabei unser fast permanenter telepatischer Kontakt sowie sämtliche anderen Symptome einer Dualseelenverbindung. Die Frage: „Was geht da nur vonstatten?“, ließ mich nicht mehr los. Die Gefühle waren so enorm und von einer Art, die ich auf diese Weise weder erlebt hatte noch mir vorstellen konnte. Meine Dualseele empfand das Gleiche und auch ihr war es ein absolutes Rätsel. Für mich grenzte dieser Kontakt an etwas Überirdisches, Magisches, Geheimnisvolles und ich konnte mir meine Gefühle beim besten Willen nicht mehr erklären.
Einige Jahre vor dieser Begegnung hatte ich von einer Meditationstechnik gehört, mit deren Hilfe man Kontakt zu seinem Höheren Selbst bekommen kann. Es hieß, das Höhere Selbst wüsste alle Antworten auf unsere Fragen. Damals versuchte ich diese Meditation einige Male, jedoch ohne Erfolg. Meine Erlebnisse mit meiner Dualseele beschäftigten mich so sehr, dass ich diese Meditation noch einmal ausprobierte. Ich sah in dem Gespräch mit meinem Höheren Selbst die einzige Möglichkeit, meine Frage beantwortet zu bekommen.
Die Meditation klappte diesmal auf Anhieb und ich war sehr erstaunt und erfreut darüber. Als ich vor meinem Höheren Selbst stand, schämte ich mich über die Tatsache, dass ich nur wegen meiner Frage zu Besuch gekommen war. Mein Höheres Selbst, das sich in Gestalt einer Frau, etwa zehn Jahre älter als ich, zeigte, wusste schon, dass ich sie deswegen aufsuchte, und nahm mir dies überhaupt nicht übel. Ich fragte sie also, was das denn nur wäre mit diesem Menschen, warum ich all diese starken, verwirrenden Gefühle hätte und was diese unheimliche telepatische Verbindung bedeuten würde. Mein Höheres Selbst sagte: „Das ist so, weil sie deine Zwillingsseele ist!“ Diese Antwort enttäuschte mich ziemlich. Ich konnte mit dem Begriff „Zwillingsseele“ nicht das Geringste anfangen. Damals kam ich aber noch nicht auf die Idee, mir eine Erklärung von meinem Höheren Selbst geben zu lassen. Ich bedankte mich für die Antwort und verabschiedete mich.
Nach der Meditation dachte ich, das Wort „Zwillingsseele“ würde es wohl nicht geben, vielleicht waren wir ja mal in einem anderen Leben Zwillingsgeschwister, und beließ es dabei. Einige Wochen später jedoch stöberte ich in einem Bücherladen und entdeckte „zufällig“ ein Buch über Seelen. Obwohl ich immer noch felsenfest davon überzeugt war, dass es den Begriff „Zwillingsseele“ nicht gibt, blätterte ich in dem Buch. Ich traute meinen Augen kaum, als ich ihn im Inhaltsverzeichnis entdeckte. Mir wurde heiß und kalt und mir schwirrte mein Kopf, als ich das entsprechende Kapitel las. Alles, was da stand, traf den Nagel auf den Kopf. Es beschrieb exakt, was ich erlebte. Ohne das Buch zu kaufen, ging ich verwirrt nach Hause. Diese Informationen musste ich erst einmal verarbeiten.

Dualseelen-Symptome

Hier werde ich die typischen Symptome und Kennzeichen nennen, die ich selbst mit meiner Dualseele erlebt habe und die mir andere Menschen von sich und ihrer Dualseele berichteten. Einiges davon habe ich schon weiter oben beschrieben. Hier möchte ich es allerdings noch einmal in kompakterer Form zusammenfassen.
Es kann, muss aber nicht sein, dass du und deine Dualseele genau das Gleiche erlebt. Aber einiges wirst du sicher auch in der Verbindung zu deiner Dualseele wiedererkennen und bestätigen können:

- Wenn man seine Dualseele gefunden hat, weiß man, man ist am Ende einer Suche angelangt, und bemerkt oft erst dann, dass man etwas/jemanden gesucht hat
- Es besteht eine gegenseitige magnetische Anziehung sowie ein starkes Gefühl von uneingeschränkter Verbundenheit
- Beide empfinden das Gefühl einer überirdischen Liebe und können dieses Gefühl nicht mit Worten erklären. Auch ist dieses Gefühl mit keiner anderen früher erlebten starken Liebe vergleichbar
- Wenn man mit seiner Dualseele zusammen ist, fühlt man sich auf eigenartige Weise vervollständigt
- Das Zusammentreffen geschieht, als wäre es schicksalsbedingt, ebenso wie die Trennung, die den Platz der anderen „Hälfte" leer und unauffüllbar hinterlässt
- Ohne ein Wort miteinander zu sprechen, weiß man, was im Anderen vorgeht, und ist sich in kürzester Zeit vertrauter als mit engen Freunden und Verwandten nach Jahren
- Man möchte alles gemeinsam erleben und sich nie mehr trennen. Jede Trennung, auch wenn sie absehbar und nur von kurzer Dauer ist, schmerzt unerträglich
- Mit seiner Dualseele geschehen einem merkwürdige Dinge, ungewöhnliche Erlebnisse ereignen sich wie durch Magie
- Auch nach jahrelanger Trennung von der Dualseele ist man sich bei einem Wiedersehen sofort wieder so vertraut, als wäre man nie auseinander gewesen. Zeit zwischen diesen Begegnungen scheint es nicht zu geben, obgleich sie dennoch existiert
- Das enorme Verbundenheitsgefühl führt weit über das normale Empfinden von Liebe hinaus, es ist reine Sehnsucht der Seelen nacheinander
- Es besteht eine telepathische Verbindung zueinander. Man fühlt zum Beispiel wann der andere an einen denkt. Auch spürt man über die Entfernung wie es dem anderen geht

Hier einige Worte, die Betroffene über sich und ihre Dualseele geäußert haben:
„Die Augen des Anderen üben eine sehr große Faszination aus. Sie und die ganze Augenpartie bergen das Erkennen an frühere Leben, lassen uns in die Seele blicken, in unsere Seele. Da können wir nur sagen: ‚Du bist ich und ich bin du!'"

„Es ist ein unbändiges Gefühl vorhanden, sich mit dem Anderen sofort zu verbinden, sich zu umschlingen, ja nicht mehr loszulassen. Auseinander Gehen ist immer schmerzhaft. Es ist so eine feste und eine Art ‚heilige‘ Verbindung, sehr schwer in präzise Worte zu fassen.“
„Die Tiefe der Verbundenheit ist in keiner Weise durch irgendetwas beschränkt. Diese Verbundenheit reicht auch in alle spirituellen Ebenen hinein. Anders herum gesagt: Es existieren keinerlei Beschränkungen in dieser Verbindung. Alles beruht auf Frieden ohne den Wunsch nach Besitz oder Kontrolle über den Anderen. Die Liebe umfasst alle Aspekte, seelisch, geistig, körperlich. So wie der Andere ist, wird er bedingungslos geliebt, ohne Wenn und Aber.“
„Wir wissen, dass wir aus einem bestimmten Grund zusammengeführt wurden. Wohin es uns führen wird, wissen wir nicht.“
„Das Wohlfühlen beim Anderen ist vielleicht damit zu umschreiben, dass man zu Hause ist beim Anderen und dass man nicht mehr getrennt werden kann. Das intuitive Verständnis für den Anderen ist sofort und absolut vorhanden.“
„Die körperliche Liebe miteinander ist unsagbar schön, der Grad, das Verstehen, das Vertrauen, die Fantasie, die Hingabe, es ist eine Art gesegneter Akt – mit nichts zu vergleichen.“
„Überhaupt sind die Ähnlichkeiten in unzählig vielen Punkten so frappant, dass es einfacher ist, die Punkte aufzuzählen, an denen keine Übereinstimmung besteht. Treffenderes als die Redewendung ‚Ein Herz und eine Seele‘, wie sie hier im wahrsten Sinne des Wortes vorherrscht, kann nicht gefunden werden.“
„Was auch erstaunlich und irgendwie paradox ist, ist, dass meine Dualseele und ich einander so ähnlich sind, wie wir uns verschieden sind.“
„Sogar in den Jahren, in denen wir räumlich getrennt waren und gar nichts mehr voneinander hörten, waren wir verbunden. Der Eine wusste, wie es dem Anderen geht (zum Beispiel durch Träume). Wir taten das damals aber noch ab und machten uns darüber keine Gedanken. Im Nachhinein stellte sich aber heraus, dass die Träume der Wirklichkeit entsprachen.“
„Wir wollen uns auch mehr sagen als nur einfache Worte wie zum Beispiel: ‚Ich liebe dich!‘ Aber wir finden keine Worte, die unsere tiefen Gefühle füreinander ausreichend beschreiben könnten. Es ist da etwas, das über die normale Liebe hinausgeht.“

Wie man an dieser Aufzählung schon sehen kann, geht das Erkennen der Dualseele ausschließlich über das Gefühl. Annette von Droste-Hülshoff schrieb in ihrem Gedicht an Levin Schücking: *„Worüber alle Lippen freundlich scherzen, wir fühlen heil'ger es im eig'nen Herzen.“* Die Verbindung zur anderen „Hälfte“ spüren beide Teile ziemlich gleichermaßen. Häufig kommt uns jedoch unser Verstand in die Quere, der seinem Naturell entsprechend alles erklären möchte. Und schon entsteht ein Hin und Her zwischen Gefühl und Verstand. Der Kopf möchte eine Erklärung haben für diese unglaublichen Gefühle. Das Herz möchte nur fühlen und sehnt sich nach Verschmelzung. Beides unter einen Hut zu bekommen, ist bei dem Dualseelen-Thema nicht einfach und gelingt nur vage. Das Wissen über das Dualseelen-Sein erklärt dennoch vieles und lässt so auch den Verstand nicht ganz außer Acht.

Die Entwicklung der Dualseelen

Dualseelen sind immer am gegenseitigen Wachstum interessiert. Wachstum ist das A und O bei ihren Begegnungen in der physischen Welt. Und Wachstum geht oft mit für uns unangenehmen Situationen einher. Für die Seele selbst aber sind diese Situationen keineswegs unangenehm. Die Seele plant ihr Leben ziemlich genau, bevor sie sich in das große Abenteuer der Verkörperung stürzt. Sie freut sich regelrecht darauf, diese Erfahrungen machen zu können. Was uns als Mensch absolut absurd erscheint, ist für die Seele der Weg ihrer Entwicklung.

Dualseelen treffen sich immer wieder, um ihre gegenseitige Entwicklung zu fördern. Niemand kann das auf eine so eindringliche, unvergessliche Weise wie zwei für alle Zeiten verbundene Seelen. Sie treffen sich auch in schwierigen Zeiten, um sich gegenseitig zu helfen und zu unterstützen. Und genauso, wie sie zusammenfinden, müssen sie sich um ihrer Entwicklung Willen auch wieder sehr schmerzhaft voneinander trennen. Denn es gibt Entwicklungssprünge, die nicht zusammen mit der Dualseele vollzogen werden können. Leben und Partnerschaften mit anderen Seelen fördern unsere Entwicklung, und zwar auf eine Weise, wie es mit der Dualseele gar nicht sein könnte. Dualseelen machen ähnliche Erfahrungen, die sie aber unterschiedlich verwerten. Das, was die eine „Hälfte“ erfährt – erfährt die andere auf eine andere Art und Weise. Die Erfahrungen, die „eine Hälfte“ macht, kommen auch der „anderen Hälfte“ zugute. Man kann sozusagen auf den Erfahrungsschatz seiner Dualseele zurückgreifen – natürlich meist nicht bewusst. Die gelebten Erfahrungen sind für beide förderlich und wertvoll. Was aber nicht unbedingt heißt, dass eine Erfahrung nur einmal durchlebt wird. Oft werden verschiedene Facetten eines Themas wiederholt, und zwar von jeder „Hälfte“. Die Situationen variieren, aber das Prinzip bleibt das gleiche. So kann es zum Beispiel sein, dass Dualseelen die Erfahrung der Macht mit allen ihren Formen erleben wollen. Die eine Dualseele wird vielleicht in ihrem Leben Macht und Ohnmacht am Arbeitsplatz erfahren. Immer und immer wieder bekommt sie eine Arbeitsstelle, wo dieses Thema eine Rolle spielt. Einmal ist es der Chef, der seine Macht an seinen Mitarbeitern ausagiert, ein anderes Mal ist es ein Kollege oder eine Kollegin. Die „andere Hälfte“ erlebt dieses Thema möglicherweise in der Familie in all seinen Variationen. Außerdem wird dieses Thema höchstwahrscheinlich auch die Beziehung der Dualseelen zueinander beherrschen.

Die Entwicklung der Dualseelen verläuft nicht immer in gleicher Weise. Es geschieht häufig, dass ein Teil gerade Erfahrungen auf einem Gebiet macht und der andere Teil auf einem anderen. Subjektiv betrachtet entsteht der Eindruck, als wäre ein Teil im Hintertreffen, als würde er in der Entwicklung hinterherhinken. Das ist meistens nicht zutreffend. Denn jeder Teil entwickelt sich ganz nach seinen Gegebenheiten und Plänen. Allzu oft sind wir geneigt, unsere Dualseele als weniger entwickelt als uns selbst zu sehen, vor allem, wenn Probleme mit ihr auftauchen. Wir heben uns selbst in den Himmel, da wir naturgemäß der Ansicht sind, es läge nur an unserer besseren, bzw. schlechteren Hälfte, wenn die Beziehung oder der Kontakt nicht so recht klappen will, wie wir das gerne hätten. Damit machen wir es uns jedoch zu einfach. Wir geben die Verantwortung ab und sehen unsere eigenen Fehler nicht.

Die Verbindung zwischen Dualseelen ist sehr komplex. Dualseelen begegnen sich, um sich gegenseitig in ihrer Entwicklung zu unterstützen und sie voranzutreiben. Wenn sich beide Teile dafür öffnen, ist das unbeschreiblich schön und fruchtbar, wenn auch mit viel energetischer Arbeit verbunden. Dann haben die Dualseelen gemeinsam einen sehr hohen Energie-Level und können vieles erreichen, das alleine unmöglich oder sehr schwierig wäre. Sie können zusammen das Universum im Sturm erobern. Wenn beide ein Hoch haben, ist es unbeschreiblich, was alles geschehen kann. Es ist wie ein Wunder, welche Tore sich öffnen und beide Duale einladen in ein Abenteuer aus Licht, Liebe und Energie. Wenn aber eine „Hälfte" ein Tief hat oder sich in seiner Entwicklungsphase verschließt, dann ist das für die andere „Hälfte" unbeschreiblich hart. Auch das ist mit nichts Anderem zu vergleichen und bedeutet tiefen Schmerz. Mit dem Wissen um das Dualseelen-Sein ist diese Phase allerdings meist zu überwinden.
Dualseelen, die den gleichen bzw. identischen Entwicklungsstand haben, sind sehr selten. Sie befinden sich dann auf der letzten Stufe ihrer Entwicklung. In der Praxis, im Leben, sieht das so aus, dass sie sich erst in scheinbar verschiedene Richtungen entwickeln, um dann ihre Erfahrungen in das gemeinsame Ganze einbringen zu können. Nur in unserer begrenzten und oft einseitigen Sichtweise sehen wir es so, als würde die Evolution auseinander laufen. Das tut sie aber nicht: Dualseelen entwickeln sich immer in gewisser Weise parallel, auch wenn wir das nicht auf den ersten Blick wahrnehmen können. Die Differenzierung liegt daher nur in unserer Sichtweise. Die parallele Entfaltung bezieht sich nicht darauf, dass sie alles als absolut identisch erleben. Sie werden verschiedene Erfahrungen absolvieren, die sie im Laufe ihrer Lebenszyklen jedoch zu den gleichen Schlussfolgerungen bringen werden.
Am Ende ihres Inkarnationszyklus verschmelzen Dualseelen wieder vollständig miteinander, um als Einheit zu ihrer Seelenfamilie zurückkehren zu können.

Ist die Dualseele der Traumpartner?

Wie in allen anderen „normalen" zwischenmenschlichen Verbindungen gibt es auch bei den Dualseelen sämtliche herkömmlichen Verständigungs- und Beziehungsprobleme sowie noch dazu den Faktor des Dualseelen-Seins, was einer solchen Verbindung eine ganz besonders diffizile, aber auch facettenreiche Note gibt.
Die Dualseele ist eben auch ein ganz normaler Mensch wie wir, mit allen Stärken und Schwächen, guten und schlechten Eigenschaften, die das Menschsein ausmachen. Dieses fühlt sich für die Betroffenen oft verwirrend an. Zum einen ist da die Seele, die in diesem Menschen steckt und die man absolut liebt. Und zum anderen können wir es mit einem Menschen zu tun haben, mit dessen Charakter oder Eigenschaften wir überhaupt nicht klarzukommen scheinen und deswegen eigentlich gar nicht einmal mögen würden – handelte es sich nicht eben um unsere Dualseele. Eine Frau klagte mir gegenüber: ihre Dualseele hätte einen fürchterlichen Charakter, und sie würde ihn, wenn er nicht ihre Dualseele wäre, nicht einmal in ihrem Bekanntenkreis haben wollen. Sie liebe ihn aber dennoch.

Dies ist verwirrend. Die Beteiligten wissen oft nicht, wie sie ein solches Paradox bewältigen sollen. Es ist nicht leicht, nur die Seele und absolut nur die Seele im Anderen zu sehen, wenn man mit dem Menschen, der dazugehört, eigentlich gar nicht zurechtkommt, ihn aber dessen ungeachtet liebt. Dies erscheint am Anfang wie ein Mysterium, wird aber klar, wenn man sich mit dem Thema der Dualseelen beschäftigt und die Zusammenhänge begreift.

Eine Beziehung oder Freundschaft zwischen Dualseelen kennt also auch die ganz normalen Beziehungs- und zwischenmenschlichen Probleme. Davor sind selbst Dualseelen nicht gefeit und sollen es auch nicht sein, denn auch dies gehört zu ihrer Entwicklung. Auch bei Dualseelen kehrt irgendwann einmal der Alltag ein. Die Höhenflüge, die zu Beginn des Kennen Lernens einsetzten und das Herz sowie die Seele zu neuen Welten getragen haben, machen früher oder später dem Alltag Platz. Dann kommt es zu ganz normalen „weltlichen" Schwierigkeiten zwischen ihnen. Gefühle wie Verlustangst, Eifersucht, Klammern sowie Meinungsverschiedenheiten usw. treten auch bei ihnen auf. Diese Dinge erleben sie miteinander auf eine Art und Weise, wie man sie nur mit der Dualseele erfahren kann. Das ist in Bezug auf Schwierigkeiten um einiges schlimmer als in „normalen" Beziehungen. Denn die Dualseele zeigt einem das eigene Spiegelbild, die eigenen Schattenseiten wie kein Anderer. Und gerade diese Schattenseiten und Lebensthemen sind es, welche die Dualseelen einander nahe bringen und transformieren wollen.

Die Transformation der Schattenseiten birgt ein ungeheures Wachstumspotenzial in sich. Keine anderweitig miteinander verbundenen Menschen sind am gegenseitigen Wachstum so interessiert wie Dualseelen. Auch diesen Punkt sollte man sich sehr zu Herzen nehmen, denn leider (oder zum Glück) hat man mit der Dualseele nicht den Traumpartner, mit dem man bis ans Ende seiner Tage auf Erden in absoluter Harmonie und Glückseligkeit lebt. Gerade die Schwierigkeiten und die Konfrontationen mit den Seiten, die man an sich selbst nicht liebt, nicht wahrhaben will und am liebsten nicht sehen möchte, sind es, die mit der Dualseele erlebt werden. Und diese Seiten sind es, die uns am weitesten im Leben und in unserer seelischen Entwicklung bringen, wenn wir sie transformieren. Verbindungen unter Dualseelen zeichnen sich also keineswegs durch allwährende Harmonie, sondern durch große Herausforderungen und Reibungen aus. Sie sind sehr anstrengend und bringen uns an die eigenen Grenzen. Aber trotz allem ist die Begegnung mit der Dualseele eine Begegnung der Herzen, welche die Seelen zur Vereinigung zieht und unsere Liebe wahrhaftig leben lässt.

Eine weitere Besonderheit in einer Dualseelen-Beziehung, die sich von herkömmlichen Beziehungen unterscheidet, ist, dass sie sich gegenseitig durchschauen. Dualseelen können meistens nicht viel voreinander verbergen. Sie fühlen auf mysteriöse Weise, wie der Andere es meint. Wenn der Eine etwas sagt, was er aber nicht mit dem Herzen so fühlt und meint, dann nimmt das seine andere „Hälfte" wahr. Dieses gegenseitige Durchschauen und Durchschautwerden kann sehr anstrengend sein, man sieht ja nicht immer nur das Positive im Anderen. Unsere Dualseele wird auch an uns Dinge entdecken, die wir lieber geheimhalten würden.

Dualseelen spüren oft gegenseitig die Gefühle ihrer anderen „Hälfte" – auch über Entfernungen hinweg. Dieses Phänomen tritt besonders stark in der Phase des Ken-

nenlernens zutage, kann sich dann aber im Laufe der Zeit wieder ziemlich normalisieren und nur in Situationen der Not erneut auftreten. Zum Glück, denn wer dieses Phänomen schon am eigenen Leib erlebt hat, der weiß, dass es manchmal ganz schön lästig sein kann, wenn man plötzlich von den Gefühlen des Anderen überflutet wird.
Die Liebe zur Dualseele muss sich nicht erst entwickeln. Sie besteht seit Anbeginn. Und je mehr wir lernen, uns selbst zu lieben, desto offener werden wir gegenüber der Liebe, die uns unsere Dualseele entgegenbringt. Die Liebe zur Dualseele steigt aus unserem Unterbewusstsein, aus den Tiefen empor in unser Bewusstsein.
Die Bindung der Dualseelen kann kein Konflikt lösen, auch dann nicht, wenn sie sich als Menschen nicht mehr begegnen. Wir müssen uns immer klar machen, dass das, was auf der realen, körperlichen, materiellen Ebene sichtbar ist, nicht mit der seelischen Ebene identisch sein muss. Auf der seelischen Ebene sind und waren die Dualseelen auf immer und ewig miteinander verbunden, auch wenn unsere Realität auf Erden anders erscheint.
„Bedingungslose Liebe kann alles überbrücken!“ Ab und zu muss man erst richtig „Nein“ sagen, um wieder „Ja“ zueinander sagen zu können.
Manchmal muss das Gefäß der Liebe erst vollständig zerbrochen werden, bevor es wieder in einer neuen Form erschaffen werden kann, um groß und stark genug zu sein, die Liebe der Dualseelen zu beherbergen.
Für seine Dualseele ist man bereit, Opfer von der Größe auf sich zu nehmen, die man in keiner anderen Verbindung erbrächte, und auch unvergleichlich mehr Leid hinzunehmen, durch das die Verbindung mit jeder anderen Seele zu Bruch gehen würde. Aber selbst bei einer Trennung bleiben die Dualseelen auf der seelischen Ebene verbunden.
Wir können einen Menschen als Lebenspartner haben und ihn aus ganzem Herzen lieben, auch wenn er nicht unsere Dualseele ist. Verbindungen mit „fremden“ Seelen sind notwendig und tragen zum eigenen Wachstum und somit auch zum Wachstum unserer anderen „Hälfte“ bei. Das eigene Wachstum ist sehr wichtig für uns selbst, aber auch für unsere Dualseele, da wir ja alle Erfahrungen letztendlich miteinander teilen.

Warum es nicht immer eine Liebesbeziehung zur Dualseele sein muss

Wie wir gesehen haben, ist nicht immer und zu jeder Zeit eine Liebesbeziehung zu unserer Dualseele möglich und förderlich. Die meisten Menschen sehen in ihrer Dualseele ihren Märchenprinzen, ihre Märchenprinzessin, den Partner ihrer Träume, mit dem es keinerlei Probleme mehr gibt und mit dem man in absoluter Harmonie lebt. Dass und warum das nicht so ist, habe ich bereits erörtert. So vielfältig wie unsere Lebensaufgaben sein können, so vielfältig ist der Kontakt zur Dualseele. Wir werden das mit ihr leben und erleben, was für uns und für sie zum jeweiligen Zeitpunkt das Richtige im Hinblick auf unsere Entwicklung und unser Lebensziel ist – und das ist bei weitem nicht immer eine Liebesbeziehung.

Die Formen, die eine Beziehung zur Dualseele annimmt, können sich in einem Leben mehrmals wandeln, müssen es aber nicht. Es kann durchaus sein, dass du eine Liebesbeziehung mit deiner Dualseele eingehst. Das machen eigentlich die meisten, wenn das möglich ist. Und es kann sein, dass ihr euch wieder trennen werdet, damit jeder seine eigenen Aufgaben erledigen kann. Sicher vermag es dann auch wieder eine neue Chance für eine Liebesbeziehung im selben Leben geben. Das kann dir aber niemand wirklich sagen. Dazu müsste er deinen Lebensplan genauestens kennen. Also sei auf der Hut vor Prophezeiungen von Hellsehern oder Kartenlegern! Diese Menschen können, wenn sie gut sind, zwar meist wirklich Vieles in der Zukunft sehen, doch sind auch sie Begrenzungen unterworfen. Die Zukunft ist variabel und kann sich ständig verändern. Sie können dir bestenfalls eine sehr wahrscheinliche Zukunft zum jetzigen Zeitpunkt vorhersagen. Aber das, was du tust, und dein freier Wille und ebenso der freie Wille deiner Dualseele können diese prophezeite Zukunft schon in kürzester Zeit ändern. Manche Dinge hast du zwar fest geplant, aber du weißt nicht, in welche Kategorie die Vorhersage eines Wahrsagers fällt. Solche Vorhersagen können große Hoffnung, aber auch große Verzweiflung schaffen. Versuche auch hier, auf deine innere Stimme zu hören und dich vor allem auf sie zu verlassen!

Ein Ausschnitt aus einem früheren Leben

Eine Rückführung in ein früheres Leben durch einen autorisierten Rückführungsleiter hat mir die Augen geöffnet, dass ein fruchtbarer Kontakt zur Dualseele nicht immer zwangsläufig eine Liebesbeziehung sein muss.

Bei dieser Rückführung sah ich mich mit anderen Menschen durch einen Wald laufen. Erst dachte ich, es sei Krieg oder ein Kampf finde statt, weil da so ein Getümmel war. Die Anderen riefen sich laut in einer mir heute unbekannten Sprache zu. Ich bemerkte, dass wir auf der Jagd waren. Es war eine Treibjagd und ich befand mich mitten drin. Ich blickte an mir herunter und sah meine merkwürdige Bekleidung: Ich trug Hosen aus sehr hellem, festem Leder. Sie waren mit fellbesetzten Lederschnüren zusammengehalten. Meine übrige Bekleidung war auch so beschaffen. Dann konzentrierte ich mich wieder auf die Jagdszene. Ich sah meinen Jagdgefährten – meine Dualseele. Er trieb mir ein Rentier zu, das ich überwältigte und tötete.

Ich trat noch tiefer in dieses damalige Leben hinein. In einer Szene sah ich mich als kleiner Junge. Ich bekam von einem alten Mann, der ein ziemlich verwittertes Gesicht, aber wunderschöne, strahlende schwarze Augen hatte, einen Schlittenhundwelpen geschenkt. Ich fragte nach, wer dieser Mann sei, und bekam als Antwort, dass diese Seele auch in meinem jetzigen Leben eine sehr große Rolle spiele. Ich wusste plötzlich, dass der Mann meine Stiefmutter im heutigen Leben war, der ich sehr viel zu verdanken habe. Ohne sie wäre ich nicht das, was ich heute bin. Auch damals spielte sie in der Gestalt des alten Mannes eine sehr wichtige Rolle für mich.

Ich besuchte die Szene in dem vergangenen Leben, als ich meiner großen Liebe begegnete. Ich sah mich vor meiner Angebeteten knien. Ich hielt das schönste Fell, das ich je hatte, in den Händen und überreichte es ihr als Zeichen meiner Zuneigung und

Liebe und bat sie, meine Frau zu werden. So war es dann auch. Ich heiratete sie und lebte mit ihr zusammen.
Meine Dualseele war in jenem Leben mein treuer Jagdgefährte und Stammesbruder. Eine Liebesbeziehung war für dieses Leben nicht vorgesehen. Zum einen waren wir beide Männer, und zum anderen kam uns dieser Gedanke auch nicht in den Sinn. Es war in Ordnung, so wie es war. Wir lebten das, was für uns in dem damaligen Leben richtig und vorgesehen war.

Ein weiteres vergangenes Leben mit meiner Dualseele

Bei einem Aura-Reading bekam ich folgende Begebenheit aus einem vergangenen Leben mit meiner Dualseele durch meine Geistführer mitgeteilt.
Ich lebte als Mutter von sieben Kindern irgendwo in Frankreich. Die Lebensumstände waren sehr schlecht und ich hatte Probleme, die vielen Kinder zu versorgen. Schweren Herzens entschloss ich mich dazu, zwei von ihnen wegzugeben. Darunter war auch meine Dualseele, ein Mädchen im Alter von etwa drei bis vier Jahren.
In jenem Leben habe ich es mir nie verziehen, meine Kinder weggegeben zu haben. Immer wieder wurde ich von Vorwürfen geplagt, ob nicht vielleicht doch eine andere Lösung möglich gewesen wäre. Meine Geistführer sagten mir, ich habe wirklich keine andere Wahl gehabt – mir sei es unmöglich gewesen, die Kinder durchzubringen. Auch sagten sie, die Kinder seien in sehr gute Hände gekommen, in jenem Leben habe ich sie jedoch nie wieder gesehen.
Diese Begebenheit aus dem damaligen Leben sei außerdem der Grund dafür, dass meine Dualseele immer noch das Gefühl habe, ich würde ihr noch etwas schulden.

Gibt es ein Karma zwischen Dualseelen?

Diese Frage ist im Prinzip mit „Nein" zu beantworten! Es kommt aber darauf an, wie man den Begriff Karma definiert. Der Grund dafür ist, dass man nicht gegen sich selbst Karma erschaffen kann, und unsere Dualseele ist ja unser anderer Seelenanteil. Genauso wenig gibt es Karma unter Seelengeschwistern, mit denen wir ebenfalls energetisch eins sind. Unsere Seele wird immer, auch wenn es für uns Menschen manchmal anders aussieht, in Liebe zur Dualseele handeln – und Liebe erschafft kein Karma. Karma entsteht unter anderem, wenn wir aus eigennützigen, egogesteuerten Motiven heraus einem Anderen Schaden zufügen.
Diese oben beschriebene Geschichte mag sich oberflächlich betrachtet wie eine karmische Begebenheit anhören. Karma im herkömmlichen Sinne ist mit der Dualseele nicht möglich. Karma entsteht aus unserem Ego heraus und niemals aus Liebe. Da ich die Kinder nicht aus Ego-Gründen, sondern aus Liebe weggab, ist dadurch auch kein Karma im gängigen Sinne entstanden. Wohl aber planen wir auch mit der Dualseele und unseren Seelengeschwistern gewisse Lebenskrisen, um spezifische Erfahrungen zu sammeln. Wir können ein solches Leben also höchstens in die Kategorie „geplantes Karma" stecken, welches ich weiter unten in dem Kapitel „Karmische Verbindungen" erörtern werde.

Besonderheiten einer Dualseelen-Verbindung und damit korrespondierende Schwierigkeiten und Lernaufgaben

Dualseelen sind zwei Aspekte eines größeren Ganzen. Sie sind aber dennoch in sich selbst vollständig. Mit der Dualseele bildet man ein Gemeinsames, das größer ist als man selbst. Und die Vollständigkeit ist auch ein Thema der Dualseelen. Sie sind gemeinsam ein größerer Aspekt ihrer selbst. Sie ergänzen sich. Mein Höheres Selbst zeigte mir dazu ein sehr eindeutiges Bild. Es hatte in jeder Hand ein Glas mit einer leuchtenden Flüssigkeit. Die eine Flüssigkeit war orange-gelb, die andere hellrot. Es schüttete beide Flüssigkeiten zusammen in ein doppelt so großes Glas und sie vermischten sich und eine neue Farbe entstand.

So können wir uns das mit unserer Dualseele vorstellen. Alleine sind wir zwar jeder für sich ein in sich ganzer Teil, aber gemeinsam sind wir mehr und vereinen unsere Erfahrungen, unser Wesen und unsere Essenz, die absolut identisch sind.

Wenn ich sage, wir sind eine vollständige Seele, dann meine ich das im Hinblick auf unsere Dualseele. Ich erwähne dies hier noch einmal, weil gerade dieser Umstand einer der bedeutendsten Aufgaben mit unserer Dualseele ausmacht. Ich möchte nicht, dass du, lieber Leser, den Eindruck bekommst, du wärst nur halb. Wir müssen uns hier in der körperlichen Welt erst einmal selber vervollständigen, um dann irgendwann, wenn das gelungen ist, wieder komplett mit unserer Dualseele zu verschmelzen. Wir bestehen aus so vielen Aspekten, Gefühlen, Gedanken etc., die nicht mal uns selbst gänzlich bekannt sind. Unser eigenes Wesen liegt zum großen Teil wie ein Eisberg unter Wasser. Nur die Spitze ist sichtbar. Wer kann schon von sich behaupten, sich selbst durch und durch zu kennen? Und darum geht es. Wir sind hier auf Erden, um etwas über uns selbst herauszubekommen und um das Potenzial unserer Seele zu leben. Andere Menschen dienen uns genauso wie die Dualseele als Spiegel. Nur im Kontakt mit Anderen können wir erkennen, wer wir wirklich sind. Und so treffen sich Dualseelen hin und wieder in ihrer Verkörperung, um sich auch hierbei gegenseitig auf die Sprünge zu helfen. Denn niemand kann uns auf eine so eindeutige Weise den Spiegel vorhalten wie unsere Dualseele.

Die Dualseele lehrt uns, Ganzheit in uns selbst zu finden. In der Verbindung zu ihr fühlt man sich wie eine Hälfte, die erst wieder mit der anderen vollständig wird. Obwohl wir, wie ich bereits beschrieben habe, einen vollständigen Seelenaspekt ausmachen, so fühlen wir uns doch auf eigenartige Weise plötzlich halbiert und unvollständig, wenn wir mit unserem Dual zusammen waren und wieder getrennt wurden. Das ist auch so, wenn die Trennung nur von kurzer Dauer ist. Deshalb wollen sich Dualseelen, haben sie sich erst einmal gefunden, nicht voneinander trennen. Sie kleben förmlich aneinander. Doch die Ganzheit muss man erst in sich selbst erlangen, bevor man mit seiner Dualseele wieder vollständig verschmelzen kann. Es geht um das Gleichgewicht von Yin und Yang in uns persönlich. Das Leben ist eine spirituelle Reise und man muss sein eigenes Selbst und seinen eigenen Weg im Leben finden.

Die Ganzheit in sich selbst finden

Wir sind alle aufgerufen, Ganzheit in uns selbst zu finden. Damit meine ich den Zustand des inneren Friedens, der Liebe, der Authentizität unseres Selbst (das Fallenlassen von Masken), um derjenige zu sein, der wir wirklich sind.

Die Ganzheit im eigenen Selbst zu erlangen, ist ein Prozess, der uns durch unsere Inkarnationen begleitet. Wir lernen ständig dazu und Stück für Stück tasten wir uns an uns selbst heran. Es gibt kein allgemeingültiges Rezept, um diese Ganzheit in sich zu erarbeiten. All unsere Erfahrungen, Lebensaufgaben, Erkenntnisse und Bewusstwerdungsschritte bringen uns letztendlich zu diesem Ziel. Sich dem Leben und seinen Herausforderungen voll und ganz zu stellen mit dem Willen, der Hingabe und der Liebe des Suchenden, führt uns zu uns selbst zurück und damit auch wieder zu unserer Dualseele – um mit ihr letztlich einzutreten in die Welt des Absoluten, wiedervereint mit unserer Seelenfamilie.

Zu seiner Dualseele gelangt man nur durch sich selbst.

Diese Erkenntnis ist der Schlüssel zu seiner Dualseele!

Ein sehr wichtiger Punkt, der eigenen Ganzheit ein Stück näher zu kommen, ist die Transformation und Integration des eigenen Schattens.

Den Schatten integrieren – die eigenen verdrängten Schattenanteile annehmen

Mit den Schattenseiten sind jene Aspekte unseres Wesens gemeint, die uns unliebsam und nicht wünschenswert erscheinen. Wir alle tragen solche Eigenschaften in uns, haben sie aber häufig erfolgreich verdrängt, um sie nicht mehr wahrnehmen zu müssen. Das sind vor allem solche Gefühle wie Neid, Eifersucht, Schadenfreude, Rechthaberei usw. Diese Eigenschaften schätzen wir an uns selbst nicht und drängen sie in die Schattenbereiche unserer Psyche ab. Außerdem sind solche Eigenschaften gesellschaftlich verpönt, und so fürchten wir, die Liebe, Zuneigung und Anerkennung von Anderen zu verlieren, wenn wir sie zulassen und vielleicht sogar zeigen.

Durch unsere Dualseele werden wir früher oder später mit den eigenen Schattenseiten konfrontiert. Sie hält uns unerbittlich einen Spiegel vor, der unser Wesen vor ihr und vor uns selbst enthüllt und jene verdrängten Anteile wieder ins Licht zerrt.

Es ist auch ohne Dualseele eine unserer Aufgaben, diese ungeliebten Anteile in uns nicht weiter zu verstecken, sondern sie anzunehmen, um sie zu transformieren. Auf dem Weg zu unserer Ganzwerdung ist dies ein wesentlicher Aspekt. Nur unsere eigene Ganzwerdung bringt uns den Status, der eine Wiedervereinigung mit der Dualseele möglich macht. Die Integration und das Annehmen der Schattenseiten sind Wege, die uns unserem Ziel ein Stück näher bringen.

Wie sieht das konkret aus? Es kann beispielsweise geschehen, dass unsere andere „Hälfte“ durch ihr Verhalten in uns den Schatten „Angst vor Ablehnung“ hervorruft. Sicherlich finden wir diese Phänomene auch in anderen Beziehungsformen, sind wir uns doch alle ein Spiegel – nur bei der Dualseele nehmen diese Erscheinungen eine nie gekannte Intensität an. Wir fühlen plötzlich die „Angst vor Ablehnung“ unserer Dualseele gegenüber und werden alles tun, um diese Angst zu vermindern bzw. zu bekämpfen.

Dabei haben wir drei Hauptmöglichkeiten: Entweder wir verdrängen unsere Angst und übertünchen sie oder wir wirken ihr entgegen, indem wir von unserer Dualseele ständig „Liebesbeweise" fordern. Und manchmal tun wir alles, was wir vermuten, das unsere Dualseele von uns erwartet, auch wenn wir uns dabei selbst verleugnen, nur um nicht abgelehnt zu werden.
Andererseits sind auch wir ein Spiegel für unsere Dualseele. Unser Verhalten kann der Grund dafür sein, dass sie auf uns entsprechend reagiert, was wiederum bei uns die „Angst vor Ablehnung" erzeugt. Es ist sehr hilfreich, solche Ängste/Schatten bei sich zu erkennen und nicht anderen die Schuld dafür zu geben. Darin verbirgt sich eine große Lern- und Entwicklungschance. Ich persönlich halte die Integration und Transformation des eigenen Schattens für einen der wichtigsten Punkte überhaupt. Zu erläutern, wie man das gestaltet, würde die Kapazität dieses Buches sprengen. Es gibt hierfür aber sehr gute weiterführende Literatur, die ich an dieser Stelle erwähnen möchte: das Buch „Einverstandensein" von Shalila Sharamon und Bodo J. Baginski, Windpferd-Verlag, mit der dazugehörigen Meditations-CD.

Probleme durch symbiotisches Verhalten

Die Sehnsucht ist das Streben der Dualseelen, wieder zueinander zu finden.
Wenn sich Dualseelen erst einmal wiedergefunden haben, werden sie höchstwahrscheinlich sehr aneinander kleben und sich nicht mehr trennen wollen. Sie fühlen sich vom Anderen magnetisch angezogen und möchten jeden Schritt mit ihm zusammen tun. So schön und innig das auf den ersten Blick erscheinen mag, so eine große Herausforderung ist es für die Dualseelen auch. Denn sie sollen sich ja im Anderen selbst entdecken. Und das geht leider nur, wenn sie auch mal einen Schritt zurück treten können, um dem Anderen in die Augen zu sehen. In den Augen der Dualseele sehen wir uns selbst – die Dualseele spiegelt unser Innerstes, unsere Seelenessenz.
Durch dieses starke Aneinanderhaften besteht aber die große Gefahr einer symbiotischen Beziehung. Ein stark symbiotisches Verhalten wird sich in einer Partnerschaft zwischen Dualseelen ziemlich negativ auswirken.
Jede Trennung, und sei sie auch nur für ein paar Tage, ist für beide Teile sehr schmerzhaft. Sie werden den Moment des Abschiednehmens immer weiter hinauszögern. Dabei werden sie versuchen, sich zu sehen, wann immer es nur irgend möglich ist, und nehmen auch große Unannehmlichkeiten wie zum Beispiel lange Fahrtzeiten in Kauf. Sie unternehmen alles erdenklich Mögliche, um zusammen zu sein. Der Verstand wird schnell ausgeschaltet – es zählt nur noch das, was das Herz spricht. So romantisch es auch erscheinen mag, dieses Verhalten birgt eine große Gefahr.
Die daraus resultierenden Probleme sind sicher für jeden mit einigem Nachdenken erkennbar. Wenn man alles zusammen unternehmen und sich jede freie Minute sehen möchte, geschieht es schnell, dass das eigene Leben, Freunde, Beruf, Kinder etc. in den Hintergrund treten. Dieses Problem tritt am deutlichsten zutage, wenn die Duale nicht zusammen leben. Stagnation ist die Folge, falls an dieser Situation nichts geändert wird. Denn gerade der Alltag birgt eine Fülle von Erfahrungsmöglichkeiten für die Seele. Konzentriert sich alles nur noch auf die „andere Hälfte", schrumpfen die

Gelegenheiten, Erfahrungen mit anderen Menschen zu sammeln, immens. Die Duale bremsen sich gegenseitig, anstatt sich zu fördern.
Ist man mit seiner Dualseele nur noch ein Herz und eine Seele, treten die persönlichen Dinge schnell in den Hintergrund. Und das ist nicht nur in spiritueller Hinsicht unerwünscht, es ist auch für den ganz normalen Lebensalltag problematisch. Diese Tatsache führt, wenn sie nicht erkannt und geändert wird, unweigerlich zur Trennung der Dualseelen. Denn auf diese Weise ist in absehbarer Zeit keine Entwicklung mehr möglich – um die es hier doch aber gerade geht.
Alltag und Spiritualität sollten nicht strikt von einander getrennt werden. Im Alltag leben und erleben wir ständig unsere Lebensaufgabe, machen Erfahrungen und werden Menschen begegnen, mit und von denen wir etwas lernen können. Ausschließliche Konzentration auf die Dualseele nimmt uns die anderen Facetten des Lebens. Doch passiert das immer wieder. Für die Dualseelen ist es dringend notwendig diese Aspekte zu beachten, um diese Aufgabe meistern zu können. Sie müssen lernen, „bei sich selbst“ zu bleiben, ihr eigenes Leben zu leben, und trotzdem, oder gerade deshalb ihre tiefe Verbindung zueinander zu erfahren.

Probleme durch die Angst vor Nähe

Viele Menschen haben Angst vor Nähe. Meist liegt der Grund dafür in ihrer Kindheit. Hinzu kommen können aber auch noch negativ erlebte Erfahrungen in Partnerschaften, Trennungen oder auch Todesfälle sowie andere schwere Enttäuschungen aus zwischenmenschlichen Beziehungen.
Für Menschen mit Angst vor Nähe ist der sehr enge Kontakt zu ihrer Dualseele kaum oder gar nicht auszuhalten. In ihnen entbrennt ein erbitterter innerer Kampf. Einerseits fühlen sie sich magnetisch von ihrem Dual angezogen, andererseits haben sie unglaubliche Angst vor dieser nie geahnten Nähe. Sicherlich ist die Angst vor Nähe in jeder Partnerschaft sehr hinderlich und wird Kummer erzeugen. Bei Dualseelen jedoch, wo diese nie geahnte Dimensionen annimmt, ist es für beide Teile sehr schwierig. Der Teil, der diese Angst empfindet, wird sich eventuell von seinem Dual zurückziehen und gehörig den Verstand einschalten. Für seine andere „Hälfte ist“ das sehr schmerzhaft und kaum zu ertragen. Man sieht hier auch, wieviel Arbeit und Verständnis von beiden Seiten nötig ist, um einer solchen Herausforderung gerecht zu werden. Stagnieren sie dabei, werden Dualseelen wieder getrennt. Jeder Teil bekommt dann die Chance, für sich selbst und mit anderen Menschen weiterzukommen und an genau diesen Punkten zu arbeiten. Durch die Trennung von der Dualseele wird häufig die Notwendigkeit erkannt, genau diese Themen zu bearbeiten.
Diese Tatsache soll dir nicht den Enthusiasmus und die Freude an deiner Dualseele nehmen. Sie soll dir helfen, „die andere Seite der Medaille“ mit der Dualseele zu verstehen – eine Seite, die für unser menschliches Empfinden negativ erlebt wird. Diese scheinbar negativen Situationen und Gegebenheiten mit der Dualseele haben jedoch einen tieferen Sinn. Diesen Sinn gilt es zu erfassen. Und dadurch wird das, was so unüberwindlich schwer und traurig erschien, etwas verständlicher und der Kummer wird leichter zu ertragen sein.

Als Erstes sollte man verstehen, warum mit der Dualseele meistens keine Traumbeziehung möglich ist. Das geschieht erst mal mit dem Verstand, während das Herz dagegen protestiert und das alles nicht hören und wahrhaben will. Bei vielen Angelegenheiten ist es schon schwer genug, Herz und Verstand unter einen Hut zu bekommen. Bei dem Dualseelen-Thema ist es das Schwierigste, was ich in dieser Hinsicht erlebt habe, und zwar im Positiven wie im Negativen.

Der Mythos der Dualseelen

Der Mythos der Dualseelen begegnet uns in unzähligen Sagen, Märchen, Schöpfungsgeschichten vieler Kulturen sowie in Opern, Liedern, Gedichten und Filmen. (Im Anhang habe ich einige der schönsten und charakteristischsten Gedichte und Lieder zum Dualseelen-Thema zusammengetragen.)
Viele Sagen und Märchen erzählen von zwei Wesen, die sich lange Zeit gesucht haben und sich dann letztlich unter Wirren und Mühen finden. Diese Erzählungen handeln vorwiegend von den großen Schwierigkeiten, mit denen Dualseelen konfrontiert sind. Sie beschreiben aber auch diese überirdische Liebe zueinander, die sie alle Hindernisse überwinden lässt. Solche Geschichten empfinden viele Menschen als äußerst sentimental und mit ihrem bis auf wenige Ausnahmen guten Ausgang sehr realitätsfremd, erscheint doch die Wirklichkeit nicht so rosig.
Diese Mythen und Geschichten stehen stellvertretend nicht nur für ein Leben mit unserer Dualseele, sondern für alle Leben, die mit ihr gelebt werden. Das Happyend ist uns bestimmt, wenn auch erst am Ende unserer Inkarnationen. Es würde hier zu weit führen, sämtliche Schöpfungsmythen aufzuzählen. Einen möchte ich jedoch stellvertretend erwähnen, für all die anderen, denen er ähnelt.
Die ägyptische Göttin Nut ist zugleich die Gemahlin und Zwillingsschwester Gebs. Diese Verbindung wird meist als inzestuös bezeichnet. Ich sehe darin jedoch das Dualseelenthema – Zwillinge und zugleich Liebesgefährten. Nut entspricht der Allmutter oder Kosmischen Mutter. Sie wird als Frau in der Farbe des Sternenhimmels dargestellt, die sich über die Erde (Geb) wölbt. Tagsüber sind Nut und Geb getrennt, nachts sind sie vereint. Geb, Nuts Zwillingsbruder, entspricht der Erde.
In vielen Schöpfungsgeschichten gibt es erst ein Wesen, eine androgyne Gott-Göttinnen-Gestalt, die sich aufteilt, um die Dualität zu bilden, wie zum Beispiel Himmel und Erde wie bei Geb und Nut

Eine Dualseelen-Analogie aus der Physik

Das Zwillingsphänomen
Physiker sind auf ein sehr erstaunliches Phänomen gestoßen: Sie stellten experimentell fest, dass die so genannten Quanten, die kleinsten Elementarteilchen, telepathisch Informationen miteinander austauschen.
In einem Teilchenbeschleuniger wurden subatomare Teilchen erzeugt, welche als spiegelbildliche Zwillinge auftreten. Wenn ein negativ geladenes linksdrehendes Elektron auftritt, dann muss als Gegenpol auch ein positiv geladenes rechtsdrehendes

Proton entstehen. Die Atomphysiker haben diese Teilchen durch besondere Felder beeinflusst. Dabei trat ein unerklärliches Phänomen auf: Wurde eines der beiden Zwillingsteilchen von außen in seinen Eigenschaften verändert, so geschah bei seinem Zwilling automatisch eine gegensinnige Zustandsveränderung, ohne dass der Zwilling von außen auf irgendeine Weise beeinflusst worden wäre. Diese automatische Mitveränderung des Zwillingsteilchens geschah noch dazu im exakt selben Moment. Es gab nicht die geringste Möglichkeit für eine Informationsübermittlung zwischen den beiden Teilchen. Die Physiker fanden heraus, dass es sich dabei um eine Gesetzmäßigkeit handelt, die nicht nur den subatomaren Raum betrifft, sondern generell gültig ist. Alle Teilchen, die im selben Augenblick aus derselben Quelle hervorgegangen sind, hängen für immer zusammen.
Bei einem Experiment stellten die Wissenschaftler Photonen (Lichtteilchen) her, indem sie einen Laserstrahl durch einen Kristall schossen. Dabei entstand ein Photonen-Zwillingspaar. Sie ließen jedes der Teilchen in eine andere Richtung fliegen, wobei sie ein System von halbdurchlässigen Spiegeln passierten. Diese Spiegel wurden von einer Messapparatur nach dem Zufallsprinzip gesteuert: Mal wurde das Photon durchgelassen, mal nicht. Da der Ablauf dem Zufall überlassen wurde, war anzunehmen, dass es auch rein zufällig wäre, ob jedes der beiden Photonen seinen Spiegel passiert oder nicht. Das Experiment wurde viele Male wiederholt und es ergab sich folgendes erstaunliches Bild: Es gab keinen Zufall! Jedes Teilchen verhielt sich exakt so wie sein Zwilling. Wenn das eine Teilchen durchkam, kam auch das andere durch. Blieb ein Teilchen am Spiegel hängen, blieb auch das andere Teilchen hängen, auch wenn sein Spiegel auf Durchlassen gestellt war. Die Zwillingsteilchen machten immer exakt dasselbe, egal, was um sie herum passierte. Die Wissenschaftler standen vor einem Rätsel.
Bei einem zweiten abgewandelten Experiment wurden die Zwillingsteilchen nicht wie beim ersten durch ein statisches Spiegelsystem geschickt, sondern durch ein dynamisches, indem sich die Spiegel mit hoher Geschwindigkeit bewegten. Dieses Experiment wurde auch wieder dem Zufallsprinzip überlassen. Die Teilchen flogen also durch unterschiedliche Zeitsysteme. Einmal in einem langsamen und ein anderes Mal in einem schnellen System. Einsteins Relativitätstheorie beschreibt, dass in schnellen Systemen wie zum Beispiel in Raketen die Zeit langsamer verläuft. Dies ist auch experimentell nachgewiesen. Da die Zeit relativ ist, kann man als Beobachter in verschiedenen Zeitsystemen die zeitliche Reihenfolge unterschiedlich wahrnehmen. Bei dem Experiment mit den Zwillingsteilchen verlief es in dieser Folge. Bei der Messung im Zeitsystem des stehenden Spiegels trifft das Photon hier früher auf als das andere Photon auf den schnellen Spiegel, bei der Messung im Zeitsystem des schnellen Spiegels trifft das Photon hier früher auf als das andere auf den stehenden Spiegel. Welches Teilchen nun zuerst auftrifft, ist also relativ. Es bedeutet, dass keines der beiden Teilchen als erstes ankommt. Für eine „Absprache" steht keinem von beiden auch nur die geringste Zeit zur Verfügung. Aber dennoch taten beide exakt das Gleiche! Die Schlussfolgerung der Wissenschafter war: Es ist, als würde bei der Wechselbeziehung der Teilchen die Zeit still stehen, so als wäre sie gar nicht vorhanden. Warum es zu einer Informationsübertragung jenseits der Zeit kommen kann, erklärt sich die Wis-

senschaft so: Teilchen, die miteinander durch eine Wechselwirkung verknüpft sind, werden zu Bestandteilen eines unteilbaren Systems. Sie sind zeitgleich über einen gewissen Raum verteilt. Sie können sich gleichzeitig an verschiedenen Orten aufhalten. Sie sind nicht zu lokalisieren; sie sind überall.
Dieses Experiment finde ich auch im Hinblick auf die Dualseelen sehr interessant. So können wir uns auch das Phänomen der Telepathie und Synchronizität bei ihnen erklären. Jeder, der seine Dualseele getroffen hat, wird dieses Phänomen bestätigen können. Nicht nur, dass man sich gleichzeitig anruft, um dann festzustellen, dass beim Anderen belegt ist, bei Dualseelen geschieht noch mehr dieser Art. Manchmal kann das schon fast unheimlich werden. Oft sind es auch alltägliche Dinge, die den Dualseelen gleichzeitig in den Sinn kommen.
Mir ist es schon geschehen, dass ich einen ungeheuren Drang verspürte, meinen Kleiderschrank auszumisten, wobei ich das ziemlich ungern tue. Hinterher habe ich von meiner Dualseele erfahren, dass sie das genau zur gleichen Zeit getan hatte.
Eine Bekannte von mir berichtete über ähnliche seltsame „Zufälle“ mit ihrer Dualseele. Sie sprach sehr oft genau das aus, was ihre Dualseele gerade dachte. Dieses Phänomen war bei ihnen sehr ausgeprägt. Manchmal wusste der andere schon fast bei jedem zweiten Satz vorher, was sein Seelenzwilling sagen wollte.
In einem anderen Fall rief ein Mann seine Dualseele an. Sie hörte sich gerade genau die gleiche CD an wie er. Das Lied, das gespielt wurde, war ebenfalls das gleiche. Das Erstaunlichste war jedoch, dass sie exakt dieselbe Passage des Liedes hörten; deckungsgleich sozusagen. Und das passierte den beiden nicht zum ersten Mal. Diese Ereignisse waren ihnen anfänglich ziemlich unheimlich.
Das sind nur ein paar Beispiele von vielen. Synchronizität und Telepathie sind eine häufige Erscheinung bei Dualseelen.

Was tun gegen Kummer wegen seiner Dualseele?

Das Gefühl des Getrenntseins, das wir bewusst wahrnehmen und uns als Individuum wahrnehmen lässt, ist gleichzeitig Fluch und Segen. Unsere Wahrnehmung befähigt uns, ein eigenes Bewusstsein von uns selbst zu entwickeln, andererseits fühlen wir durch unser Bewusstsein unsere Begrenzung und Abtrennung.
In den vorangegangenen Kapiteln erklärte ich, warum die Dualseele eine große Herausforderung und die Beziehung mit ihr nicht leicht ist. Was kann man also konkret gegen seinen Kummer unternehmen? Was hilft wirklich?
Die herkömmlichen Rezepte gegen „normalen“ Liebeskummer helfen bei Dualseelen-Kummer nur sehr begrenzt. Es geht auch nicht darum, den Kummer zu besiegen, denn die Sehnsucht ist immer irgendwo vorhanden. Man kann aber mit seinen Gefühlen besser umzugehen lernen, sie zum Teil auch wandeln und verstehen, warum alles so ist, wie es ist. Außerdem ist es möglich, sich auf anderen Ebenen mit seiner Dualseele zu verbinden und „auszusprechen“, wenn das in der weltlichen Realität nicht durchführbar ist.
Die meisten Menschen haben großen Seelenschmerz durch die Trennung von ihrer Dualseele. Wie ich in den vorhergehenden Kapiteln schon dargelegt habe, ist der

Kontakt zu ihr nicht immer nur Freude und Sonnenschein, sondern stellt an beide „Hälften“ ungeheure Lern-Herausforderungen.
Hat man einmal seine Dualseele gefunden und wieder verloren, wird man die Sehnsucht nach ihr nicht mehr los. Das Wissen um das Dualseelen-Sein und die Integration der Sehnsucht in unser eigenes Wesen stellen hier eine große Hilfe dar. Die Sehnsucht wird oft solch starke Formen annehmen, dass sie kaum zu ertragen ist. Dann wollen wir sie am liebsten verdrängen, weg haben, nicht mehr aushalten müssen. Hierbei besteht die Gefahr, sie in die dunklen Schattenbereiche unserer Psyche hinabzustoßen. Dort wird sie aber, nur verbannt, im Unterbewusstsein weiter ihr Unwesen treiben und kann uns so manche psychischen Probleme, psychosomatische Beschwerden und auch physische Krankheiten bescheren.
Diese Sehnsucht ist ein Teil von uns und von sehr intensiven Gefühlen geprägt. Es ist keine Lösung, einen so wesentlichen und extrem gefühlsgeladenen Bereich seiner Selbst zu verdrängen. Bestenfalls bringt es kurzfristige Erleichterung. Deshalb ist es für unsere Gesundheit und unser persönliches Wachstum unerlässlich, diesen Teil von uns anzunehmen und zu lernen, wie er am besten in unser Leben integriert werden kann. Das ist der Schlüssel zur Lösung unseres Kummers.
Diese große Aufgabe ist nicht leicht zu bewerkstelligen. Leider gibt es keine schnelle Lösung für den Dualseelen-Kummer. Aber es gibt Lösungen.
Ein weiterer Punkt ist, dass du all das, was du mit deiner Dualseele erlebt hast, segnen solltest – ja, auch die Schwierigkeiten! Segne und nimm all die wundervollen Erfahrungen und Erlebnisse mit ihr genauso wie deinen Kummer, deine Sehnsucht und das Getrenntsein (ihr seid es nicht wirklich) an. Versuche Dankbarkeit darüber zu empfinden, ihr begegnet zu sein und diese besondere Art der Liebe erlebt zu haben. Auch wenn es vielleicht nur von kurzer Dauer war. Du hast es erlebt und hast gespürt, wie es sich anfühlt! Hadere nicht mit deinem Schicksal. Versuche es anzunehmen und dankbar zu sein, dass du das alles erleben durftest.
Ja, ich weiß, das ist leichter gesagt als getan. Mir gelingt das auch nur zum Teil, mal mehr, mal weniger gut. Oft schon habe ich mir gewünscht, mir wäre meine Dualseele niemals begegnet, so groß war der Schmerz über die Trennung und die gemeinsamen Schwierigkeiten. Dann hätte ich aber auch nie diese besondere Verbindung erlebt.
Die im 3. Teil dieses Buches beschriebenen Methoden sind zum einen Meditationsübungen, um auf den feinstofflichen Ebenen Kontakt zur Dualseele oder einem Seelenpartner zu bekommen; zum anderen nenne ich auch verschiedene körperbezogene Techniken, die sehr empfehlenswert sind. Durch sie bekommt man wieder mehr Kontakt zu sich selbst und gelangt in seine innere Mitte. Diese Übungen sind nicht nur für den Kontakt zur Dualseele von Vorteil, sie werden dich persönlich weiterbringen und auf deinem Lebensweg helfend begleiten können. Du musst dich nur darauf einlassen. Denn denke immer daran:
Zu deiner Dualseele kommst du nur durch dich selbst!
Alle diese Übungen solltest du in erster Linie für dich machen und nicht für deine Dualseele. Denn nur wenn du für dich weiterkommst, wird sich auch im Hinblick auf deine Dualseele etwas ändern.

Ein paar Worte zur Liebe

Liebe sollte frei, bedingungslos und nicht an Äußerlichkeiten festgemacht werden. Doch leider haben wir das verlernt. Wenn wir jemanden lieben, so meinen wir, wir müssten mit diesem Menschen zusammenkommen und eine Beziehung führen. Wir sehnen uns nach Nähe, Berührung und allem, womit wir unserer Liebe Ausdruck verleihen können. Bekommen wir das nicht von unserem Geliebten, so sind wir betrübt und leiden unter Liebeskummer. Wir leiden unermesslich und tun von nun an alles, um unsere unerhörten Liebesgefühle wieder loszuwerden. Wir versuchen dann mit allen Mitteln, unsere Liebe zum Anderen abzutöten. Diese Einstellung ist fatal und komplett von unserem Ego gesteuert. Am meisten leiden wir nicht darunter, unserer Liebe nicht Ausdruck verleihen zu können, sondern darunter, die Liebe in uns getötet zu haben.
Wahre Liebe ist einfach. Selbst wenn sie nicht erhört wird und wegen Äußerlichkeiten nicht zum Ausdruck gebracht werden kann, so ist sie doch das kostbarste unserer Gefühle. Eine Blume blüht einfach um ihrer selbst willen. Ihr ist es egal, ob sie bewundert wird oder nicht. Genauso will die Liebe einfach nur lieben. Der Liebe macht es nichts, wenn sie nicht erhört wird, sie liebt einfach. Es ist unser Ego, das nach Bestätigung sucht. Wir sollten anfangen, wieder lieben zu lernen, ohne Bedingungen zu stellen – einfach nur so. Können wir das, wird uns auch eine Trennung von einem geliebten Menschen oder der Dualseele nicht mehr in so starken Kummer stürzen. Warum sollten wir sie nicht einfach trotzdem lieben, auch wenn wir sie niemals mehr wieder sehen? Bewahren wir uns doch dieses schöne Gefühl in unserem Herzen!

Die weiteren seelischen Verbindungen

In unserem Leben werden wir höchstwahrscheinlich noch auf andere Menschen treffen, mit deren Seele wir eine Vereinbarung haben und mit denen uns ein seelisches Band aus einem anderen Leben oder durch unseren Seelenursprung verbindet.
Diese Menschen sind für unsere Entwicklung ebenso wichtig wie unsere Dualseele. Jede der seelischen Beziehungen beinhaltet ihre eigenen Herausforderungen, ihre speziellen Möglichkeiten des Wachstums und damit eine Bereicherung für unser Weiterkommen. Kommen wir voran und sind in Einklang mit unserer Lebensaufgabe, hat das auch eine Wirkung auf unsere Dualseele. Wir sind alle miteinander verbunden.
Wenn man einmal seine Dualseele gefunden hat, kommt es vor, dass man nur noch Augen für sie hat und die anderen seelischen Beziehungen für weniger wertvoll erachtet. Normalerweise reguliert sich das von selbst und nach der ersten großen Sturm- und Drangzeit mit der Dualseele werden auch andere Menschen wieder einen Platz in unserem Leben einnehmen. Entstehen Probleme mit der Dualseele, was häufig der Fall ist, dann besteht die große Gefahr, sich nur noch darum zu sorgen. Die Dualseele, der Kontakt zu ihr und alles, was mit ihr zu tun hat, nehmen den absoluten ersten Platz in unserem Leben ein. Auch das ist zwar anfänglich normal und nur zu verständlich, doch sollte man im Laufe der Zeit versuchen, den Wert und den Sinn anderer Begegnungen wirklich zu schätzen und zu fördern.

Oft sind es gerade jene Begegnungen, die Vorrang vor der Dualseele haben und zuerst gelöst und gelebt werden wollen, bevor die Zeit mit der Dualseele wieder dran ist. Das sollten wir uns immer wieder ins Gedächtnis rufen.
Im Folgenden stelle ich die übrigen seelischen Verbindungen mit ihren jeweiligen Besonderheiten vor und gebe an, wie man so eine Verbindung erkennt und welche Geheimnisse, Chancen und Erfahrungen sie beinhalten.

Seelengeschwister

Da alle Seelen ursprünglich in einer energetischen „Seelenwolke" vereint waren, sind wir im Prinzip auch jetzt noch alle miteinander Seelengeschwister. Als Seelenfamilie und Seelengeschwister im engeren Sinne bezeichne ich aber jene Seelen, die mit uns zur selben Zeit das Abenteuer der Inkarnationen in der Materie begonnen haben.
Die Seelen inkarnierten sich nicht alle auf einmal, sondern in Intervallen. Gruppen von Seelen lösten sich nacheinander von der „Seelenwolke", um ein Leben im Körper zu beginnen. Jene Seelen, die mit dir gleichzeitig damit anfingen, sind deine Seelengeschwister. Selbstverständlich wurden nicht immer alle Mitglieder deiner Seelenfamilie zum gleichen Zeitpunkt wie du auf der Erde verkörpert. Ein Teil von ihnen weilt in den ewigen seelischen Gefilden, während der andere Teil inkarniert ist. Dies ist zum energetischen Ausgleich nötig, damit die Nicht-Inkarnierten ihre verkörperten Geschwister von dort aus unterstützen können.
Unsere Seelengeschwister sind die Mitglieder unserer Seelenfamilie. Dadurch haben sie eine unserer Seele identische Seelenstruktur. Sie sind also unsere Brüder und Schwestern vom Ursprung her und wir sind ständig mit ihnen verbunden.
Treffen wir nun im Leben auf eine Seelenschwester oder einen Seelenbruder, ist diese Verbundenheit augenblicklich spürbar. Ähnliche Gefühle wie bei der Dualseele können auftreten und es ist möglich, dass wir eine Seelenschwester oder einen Seelenbruder mit ihr verwechseln. Kennen wir unsere Dualseele schon, so werden wir anfangs vielleicht etwas verwirrt sein, weil wir nun noch einen Menschen getroffen haben, der uns so tief vertraut und verbunden ist. Nach einiger Zeit werden wir jedoch Unterschiede zur Dualseele feststellen. Im Gegensatz zur Dualseele sind die Beziehungen zu Seelengeschwistern viel harmonischer und konfliktfreier. Natürlich kann man auch mit einem Seelengeschwister mal streiten und es können Missverständnisse auftreten, doch gehen diese niemals so sehr an die Substanz und die Psyche, wie das bei Dualseelen der Fall ist. Seelengeschwister können nicht anders, als sich nach einem Streit bald wieder zu vertragen und sich gegenseitig zu verzeihen. Sie lieben sich einfach, egal, was der Andere getan hat und ob man das gutheißt oder nicht. Dualseelen fordern sich gegenseitig um ihr Wachstums zu fördern, ständig bewusst oder unbewusst auf extreme Weise heraus. Seelengeschwister tun dies nicht. Natürlich sind auch sie an unserem Weiterkommen interessiert und wollen nur unser Bestes, sie sagen sich auch mal die Meinung und sind dabei sehr ehrlich zueinander. Sie sind dabei aber nicht so heftig und erbarmungslos wie unsere Dualseele. Der Spiegel, den sie uns vorhalten, ist nicht so schwerwiegend. Sie zeigen uns: Wir sind nicht allein, da ist noch jemand in den Wirren des Lebens, jemand, auf den absoluter Verlass ist.

Seelengeschwister lieben sich einfach so, ohne Grund und ohne Wenn und Aber. Manchmal kann ihnen das schon etwas unheimlich vorkommen; vor allem dann, wenn sie in ihren Lebensverhältnissen große Differenzen zueinander haben, die vielleicht auch gesellschaftlich nicht anerkannt sind. Dies können zum Beispiel große Altersunterschiede sein. Es kann auch sein, dass deine Seelenschwester, dein Seelenbruder das gleiche Geschlecht hat wie du und ihr nicht homosexuell seid oder dass ihr unterschiedlichen Gesellschaftsschichten angehört. Alle erdenklichen Konstellationen sind unter Seelengeschwistern möglich. Insofern ist es nicht verwunderlich, dass man damit erst mal etwas überfordert ist, wenn einem ein Mensch begegnet, den man einfach so ohne Grund liebt und der womöglich aus gänzlich anderen Verhältnissen kommt.

Auch Seelengeschwister verabreden vor einer Inkarnation, sich wieder auf Erden zu begegnen. Oft treffen sie sich, um sich in schwierigen Lebenszeiten zu begleiten. Diese Freundschaften überstehen alles und halten meist ein Leben lang. Niemand kann uns so liebevoll und selbstlos zur Seite stehen wie ein Mitglied aus unserer Seelenfamilie.

Unsere Seelengeschwister können sich ziemlich von uns unterscheiden, was den Charakter und die Persönlichkeit betrifft. In einigen Punkten mag es sicherlich Übereinstimmungen geben, in anderen dagegen überhaupt nicht. Meine Erlebnisse mit einer Seelenschwester zeigen jedoch ein großes Verständnis füreinander. Selbst wenn es sich um Lebenseinstellungen beim Anderen handelt, mit denen wir überhaupt nicht übereinstimmen, so wird dennoch ein großes Verständnis füreinander vorhanden sein. Seelengeschwister können sich so annehmen, wie sie sind. Sie haben absolutes Einfühlungsvermögen füreinander; sie verstehen sich ohne viele Worte.

Der Seelengefährte

Der Seelengefährte ist ein Mensch, dessen Seele wir bereits aus einem früheren Leben kennen, die aber nicht unserer Seelenfamilie angehört. Seelengefährten treffen wir immer wieder in unseren Inkarnationen. Durch sie gelangen wir an noch nicht abgeschlossene Themen aus unserer Vergangenheit und können diese mit ihnen im jetzigen Leben neu beleben und weiter erfahren.

So vielfältig wie das Leben, so vielfältig können uns auch unsere Seelengefährten begegnen. Es kommt vor, dass uns eine über mehrere Leben bestehende Freundschaft mit ihnen verbindet. Es kann sich aber auch genauso gut um eine alte Feindschaft handeln. Oft treten Seelengefähren auch „nur“ als relativ neutrale Begleiter immer wieder in unsere Leben ein. Nicht mit jeder Seele entwickelt sich eine Beziehung, die durch große Gefühle geprägt wird. Alte Freundschaften und alte Feindschaften gehören zu den beiden Polen der Beziehungen in der Polarität. Aber auch die Nuancen dazwischen werden von Seelengefährten gelebt. Ein Seelengefährte, der nicht ausschließlich einem der beiden Pole (Freundschaft/Feindschaft) angehört, ist leider weniger häufig als solcher zu erkennen. Wir Menschen sehen oft nur diese Extreme, alles, was dazwischen liegt, erkennen wir weniger, so auch unsere „neutralen“ Seelengefährten.

Seelengefährten sind sowohl gleich- als auch gegengeschlechtlich. Sie können unser Partner, unsere Partnerin in diesem oder einem vergangenen Leben sein. Sie werden uns in jeder Gestalt begegnen, als Kollege, Kollegin, als Busenfreund/in, als Sportkamerad/in etc. In jeder zwischenmenschlichen Beziehung kann ein Seelengefährte verborgen sein.

Die alte Seelenfreundschaft

Begegnet uns ein Seelengefährte, mit dem uns in einem vergangenen Leben eine Freundschaft verband, so wird uns dieser Mensch spontan sympathisch sein. Auf beiden Seiten taucht sofort eine tiefe Vertrautheit, Sympathie und Zuneigung auf. Mit einem Seelengefährten versteht man sich ganz einfach, auch wenn uns keine besonderen gemeinsamen Hobbys oder Weltanschauungen verbinden. Seelenfreunde sind füreinander da und unterstützen sich im Leben. Aber nicht immer währt so eine Freundschaft ein Leben lang. Manchmal werden Seelenfreunde durch Lebensumstände wieder voneinander getrennt. Treffen sie sich jedoch einmal wieder in diesem oder einem anderen Leben, so können sie jederzeit an die alte Freundschaft anknüpfen.

Die alte Seelenfeindschaft

Es kommt mitunter vor, dass wir auf Menschen treffen, mit denen wir in einem früheren Leben negative Erfahrungen machten. Jeder Mensch, den wir aus einem vergangenen Leben kennen, ist ein Seelengefährte, auch wenn die Erlebnisse mit ihm nicht immer nur schön waren. Ist uns ein Mensch von vornherein auf unerklärliche Weise von Grund auf unsympathisch, kann es gut sein, dass es sich um einen alten Feind handelt. Das Wort „Feind“ klingt vielleicht zu extrem. Es muss sich nicht immer um eine tiefe, große Feindschaft handeln. Meist hat es eher mit unschönen Erlebnissen mit dieser Seele zu tun, die in unserem Unterbewusstsein gespeichert sind. Diese „Feindschaft“ muss nicht zwangsläufig bis zum Ende all unserer Inkarnationen bestehen. Wir sind Leben für Leben dazu aufgefordert, es dieses Mal anders zu machen, und haben die freie Wahl dazu. Die alte Seelenfeindschaft ist nicht zu verwechseln mit der karmischen Verbindung.

Der „neutrale“ Seelengefährte

Ihn zu erkennen, ist am schwierigsten. Diese Seelen treffen wir auch immer wieder in unseren Leben. Es besteht zwar ein gewisser Gleichklang, jedoch berühren sie unsere Gefühle nicht in der Art wie „alte Freunde“ oder „alte Feinde“. Aber wir kennen sie, unsere Seele kennt sie. Neutrale Seelengefährten stellen häufig einen Anker oder einen Wegweiser in unserem Leben dar. Sie nehmen eine gewisse begleitende Position ein oder wirken als Berater. Dabei werden große Emotionen kaum eine Rolle spielen.

Sie werden meist dann aktiv, wenn wir einen kleinen Schubs für eine Wende in unserem Leben benötigen. Es mag oft nur ein Gespräch mit einem solchen Seelengefährten sein, das uns zu gewissen Einsichten gelangen lässt, unser Leben neu zu ge-

stalten, Mut zu einer Veränderung aufzubringen oder eine Entscheidung zu fällen. Neutrale Seelengefährten erregen das geringste Aufsehen und wir bemerken sie meist nicht und erkennen sie nicht als das, was sie sind. Und doch sind es ihre Anwesenheit und ihr Wort, die uns wieder auf unseren Lebensweg geleiten können. Da sie uns so schön neutral erscheinen, können wir ihren Rat oft besser annehmen als von einem Menschen, bei dem größere Emotionen eine Rolle spielen. Neutrale Seelengefährten verschwinden meistens wieder aus unserem Leben, wenn der Rat, wegen dem wir ihnen begegnet sind, erteilt wurde. Zu gegebener Zeit kann ein anderer Seelengefährte auf unseren Lebensplan treten, um uns abermals die Richtung zu weisen oder zu unterstützen.
Wir selbst nehmen natürlich auch für andere Menschen diese Funktion ein. Wir treten in ihr Leben, um ihnen durch unsere Worte oder Taten etwas klarzumachen, womit sie ohne uns nur schwer weiterkommen würden. Meistens bemerken wir das noch nicht einmal.
Mir begegnete vor einigen Jahren eine Frau, die in meinem Leben die Rolle einer neutralen Seelengefährtin hatte. Uns verband eine engere Bekanntschaft, wir spielten regelmäßig Squash und verreisten auch ein Mal zusammen. Diese Seelengefährtin verhalf mir dazu, den Mut zu finden, meinen Beruf zu wechseln. Mir war schon seit längerem klar, dass ich meinen Beruf als Tierarzthelferin nicht bis zum Lebensende bzw. der Rente machen kann und will. Die Tätigkeit der Tierarzthelferin ist sehr anstrengend. Manchmal musste bis spät in die Nacht operiert werden und unbezahlte Überstunden waren an der Tagesordnung. Solange man jung ist steht man das ohne Probleme durch, im höheren Alter ist dies aber nicht mehr so einfach machbar. Ich musste mir also frühzeitig ein neues Betätigungsfeld erschließen. Ich konnte mich jedoch nicht dazu entschließen, meinen Traumberuf aufzugeben, um etwas Anderes anzufangen. Diese Seelengefährtin sprach das Thema gelegentlich an und zählte mir alle Fakten sehr neutral und realistisch auf. Sie brachte mich immer wieder zum Nachdenken über meine Situation und ich wusste: Sie hat Recht. Ohne sie hätte ich dieses Thema wohl noch länger hinausgeschoben und nicht den Elan gehabt, es wirklich anzugehen. Als ich mich dann darum kümmerte, klappte alles auf Anhieb. Ohne Hindernisse erhielt ich eine Umschulung und sogar eine Lehrstelle, obwohl das in dem neuen Beruf nicht so einfach war.
Damit war die Aufgabe meiner Seelengefährtin erledigt. Unsere Wege begannen sich zu trennen. Wir sahen uns immer weniger. Als sie dann in eine weit entfernte Stadt zog, endete unser Kontakt. Ich bin ihr aber heute noch sehr dankbar für ihre Worte und ihre Unterstützung.

Karmische Verbindungen (Karma)

Die meisten von uns verbinden mit dem Wort „Karma" negative Situationen und Verpflichtungen aus vergangenen Leben. Aber Karma ist weder negativ noch positiv. Karmas sind unter anderem Erfahrungen, die wir mit anderen Seelen vereinbart haben. Wir wollen im Spiel des Karmas Ursache und Wirkung erfahren, in allen Nuancen und Schattierungen. Uns Menschen erscheinen manche Situationen und Erfah-

rungen, die wir auf diese Weise machen, negativ. Für die Seele sieht das aber ganz anders aus. Die Seele freut sich vor ihrer Inkarnation regelrecht auf für in unseren Augen schwierige Erfahrungen und weiß: Das ist alles „nur“ ein Spiel.
Ich unterteile Karma in drei unterschiedliche Aspekte:

– Karma, das wir mit anderen Seelen vor unserer Inkarnation geplant haben.
– Karma, das wir erschaffen, wenn wir aus Ego-Gründen eine andere Seele davon abhalten, ihren Lebensplan so zu gestalten, wie sie ihn geplant hat.
– Situationsbedingtes Karma. Hierbei spielt die sich ständig wiederholende Situation eine Rolle und ist nicht von der Interaktion mit nur einer Seele abhängig. Diese Art des Karmas haben wir/unsere Seele uns ebenfalls ausgesucht und planten, auf welche Weise wir es erleben wollen.
Für uns ist auf den ersten Blick nicht zu sehen, in welche Kategorie manche scheinbar karmischen Verbindungen fallen. Eines sollten wir aber wissen: Egal welcher Art das Karma ist, wir werden keine Strafe erfahren, weder hier noch im jenseitigen Bereich. Das einzige, das wir erfahren werden, ist die Chance des Ausgleichs. Und dieser dient unserem Verständnis und Wachstum.

Mit anderen Seelen vor unserer Inkarnation geplantes Karma

Um sich gegenseitig bestimmte Erfahrungen zu ermöglichen, planen Seelen miteinander vor ihrer Inkarnation, auf welche Weise dies geschehen soll. Auch hierbei gibt es immer einen Ausgleich, der als Folge in einem späteren Leben gelebt wird. Beispielsweise kann hinter dem Verlust eines geliebten Menschen durch Trennung oder Tod ein solches Karma stecken. Schicksalsschläge, abrupte Lebenskrisen, ein behindertes Kind, all diese Themen können vor unserer Inkarnation mit einer oder mehreren Seelen geplant gewesen sein.

Das geplante Karma von Franziska und Eva
Vor ihrer Inkarnation planten die Seelen von Franziska und Eva, dass Eva Franziska bei ihrer spirituellen Suche und Entwicklung helfen werde. Franziskas Seele wollte auf eindrückliche Weise ihren spirituellen Weg im künftigen Leben als Heilerin fortsetzen, um sich und anderen Menschen zu helfen. Evas Seele stellte sich zur Verfügung, um ihr als behindertes Kind dabei zu dienen.
Franziska war vor Evas Geburt eine ziemlich nüchtern denkende Persönlichkeit, der alles, was mit Spiritualität zu tun hatte, völlig fremd war. Allerdings war sie sehr gläubig und besuchte in regelmäßigen Abständen den Gottesdienst.
Eva war ein Wunschkind und kam als völlig gesundes Mädchen auf die Welt, als Franziska 30 Jahre alt war. Im Alter von acht Monaten erlitt Eva einen Impfschaden, der ihr eine unheilbare geistige Behinderung einbrachte. Für ihre Mutter stürzte eine Welt zusammen. Sie haderte mit ihrem Schicksal und rief Gott an, was sie denn getan habe, dass gerade sie so ein schlimmes Unglück ereile.
Nach einer Zeit der Trauer und Sorge erwachte Franziskas Kampfgeist. Von einer Freundin (deren Seele auch eine Rolle bei der Planung dieses Themas spielte) bekam sie entsprechende spirituelle Bücher. Anfänglich dachte Franziska zwar, diese seien in

Dissonanz zu ihrem Glauben, las sie aber dann doch. Sie fand in ihnen viele Erklärungen und fühlte sich nicht mehr von Gott verlassen, sie begann zu verstehen.
Franziska informierte sich, wo sie nur konnte, um ihrer Tochter zu helfen. Im Laufe der Zeit fand sie Informationen zur geistigen Heilung. Sie absolvierte eine Ausbildung zur Geistheilerin und konnte damit ihrer Tochter, sich selbst und anderen Menschen helfen.
Franziskas Seele wusste vor der Inkarnation, dass sie einen gravierenden Grund brauchte, um sich mit all diesen Themen zu befassen. Ohne die Hilfe der Seele ihrer Tochter hätte sie ein ganz normales Leben geführt. Ihr Lebensziel war jedoch, sich mit spirituellen Themen zu befassen, um damit ihr Leben zu bereichern und andere Menschen in schwierigen Lagen helfend zu begleiten.
An dieser Geschichte wird deutlich, dass ein scheinbares Unglück zu immensem persönlichem Wachstum verhelfen kann und uns auf unseren Lebensweg zu bringen vermag. Andere Seelen unterstützen uns dabei. Für den Ausgleich wird in einer der folgenden Inkarnationen gesorgt, indem wir eine unterstützende Funktion für die Seelen, die uns geholfen haben, einnehmen werden.
Geplantes Karma kann auch dann gegenwärtig sein, wenn wir mit einer anderen Seele ausgemacht haben, uns im Leben gewisse Dinge anzutun, um dadurch Erfahrungen sammeln zu können. Häufig entstehen daraus jene dramatischen Beziehungen, die wir ab und zu beobachten können. Auch hier besteht die Möglichkeit des Ausgleichs in einem anderen Leben.
Die Seele möchte ihre Existenz erfahren. Dazu benötigt sie die Hilfe von anderen Seelen, die sich mit ihr auf das Karma-Spiel einlassen. Wie ich in dem Kapitel über die Seelen schon beschrieben habe, spielen wir die Hauptrolle in unserem Leben und bringen dadurch einen Teil des in unserer Seele enthaltenen Potenzials zum Ausdruck. Die Seele ist alles. Sie beinhaltet in sich alle erdenklichen Ausdrucksmöglichkeiten. In jeder Inkarnation lebt sie einen Teil, einen Ausschnitt davon aus. Andere Seelen stellen sich zur Verfügung, um ihr in menschlicher Gestalt ein Gegenüber zu bilden und im Spiel des Lebens die jeweils andere Rolle auszuagieren.
Hierzu ein kleines Beispiel, um dies besser verständlich zu machen.
Nehmen wir an, eine Seele möchte gerne Erfahrungen zum Thema Macht und Kontrolle sammeln. Sie wird sich dafür eine Inkarnation suchen, die Bedingungen, dieses Thema zu erleben, bietet. Die Seele sucht sich ihr Umfeld, Eltern Lehrer, Freunde, Verwandte, Kollegen etc. vor allem nach diesen Gesichtspunkten aus. Das Wahrscheinlichste ist, dass sie das Thema Macht und Kontrolle in vielen zwischenmenschlichen Beziehungen erfährt. Die Seele wird dabei einen Schwerpunkt für sich selbst legen. Sie wird festlegen, ob sie eher in der mächtigen und kontrollierenden Position oder aber in der ohnmächtigen und kontrollierten Position ist.
Vor der Inkarnation wird die Seele mit den anderen Seelen, die in ihrem Leben agieren, planen, wie und in welchen Situationen dieses Thema zum Ausdruck gebracht werden soll. Die anderen Seelen können dadurch die gegensätzliche Seite dieses Themas erfahren. Wird zum Beispiel das Thema Macht und Kontrolle ausgedrückt, kann das nicht nur auf ein Leben begrenzt sein, sondern wird wahrscheinlich in vielen Variationen in mehreren Leben erlebt. Hat zum Beispiel eine Seele die mächtige und

kontrollierende Position inne, so kann sich das über einige Inkarnationen fortsetzen, muss es aber nicht. Manchmal wechseln die Seelen auch häufiger ab. Aber ein Ausgleich ist auch hier immer nötig und gewollt. Denn die Seele in der mächtigen Position möchte auch die andere Seite dieses Themas erfahren und wird dann mit ihrem Gegenpart die Rollen tauschen.
Es ist nicht schwer zu erahnen, welch dramatischen Charakter solche Beziehungen oft besitzen. Steckt man in einer karmischen Verbindung, so fühlt man sich auf mysteriöse Weise zu dem anderen Menschen hingezogen, obwohl verstandesmäßig offensichtlich ist, dass einem diese Beziehung nicht gut tut. Dennoch kann man sich nicht daraus lösen. Solche Beziehungen werden von Außenstehenden mit einem Kopfschütteln bedacht und ernten wenig Verständnis. Ein Außenstehender wird nicht verstehen, warum sich diese beiden Menschen nicht voneinander lösen, sondern sich ganz offensichtlich in ihrer Beziehung nur gegenseitig schaden. Aussprüche wie: „Sie können nicht mit und nicht ohne einander", „Sie hassen und sie lieben sich", „Warum trennen sie sich nicht endlich endgültig, anstatt es immer und immer wieder aufs Neue miteinander zu versuchen, um sowieso wieder zu scheitern", wird man dabei häufig hören. Die Betreffenden können es selbst nicht erklären.
Am deutlichsten und oft auch am tragischsten treten derlei karmische Verbindungen in Liebesbeziehungen auf. Sie kommen aber auch in allen anderen zwischenmenschlichen Beziehungen vor. Das nun folgende Beispiel soll verdeutlichen, wie eine solche karmische Verbindung aussehen kann.

Das Karma von Rita und Anne

Das Thema dieser Erfahrung ist: Macht/Ohnmacht und Achtung vor sich selbst.
In ihrem jetzigen Leben haben Rita und Anne eine über fünfjährige Liebesbeziehung miteinander. Diese Beziehung ist von allerhand dramatischen Situationen geprägt. Die beiden lernten sich in einer Frauendiskothek kennen, verliebten sich ineinander und wurden schließlich ein Paar. Sie erlebten immer wieder extreme Situationen, durch die sie sich trennten, um sich dann aber immer wieder mit viel Tränen und Schwüren zu versöhnen. Sie stoßen sich ab und ziehen sich an, um sich wieder auf ein Neues abzustoßen.
Anne legt des öfteren Ritas Freundinnen gegenüber ein sehr unschönes Verhalten an den Tag. Dies führte dazu, dass Rita bald alle ihre einst so geschätzten Freundinnen verlor und Anne als fast einziger Mensch in ihrem Leben verblieb. Rita wiederum verehrte Anne und hob ihre Person über alles Andere in den Himmel. Sie entschuldigte auch ihr Verhalten immer und immer wieder. Selbst wenn Anne sie wieder einmal wie den letzten Dreck behandelte und Rita vor ihren Freundinnen niedermachte, fand Rita noch eine Entschuldigung für Anne. Rita redete sich ihre Beziehung zu Anne schön.
Anne wiederum war auf Ritas großen Freundeskreis eifersüchtig. Einerseits ging ihr Rita mit ihrer Art und ihrem Wesen oft gehörig auf die Nerven, andererseits war da diese nagende Eifersucht, wenn sie sich mit ihren Freundinnen traf, die sie alle sehr mochten und schätzten. Anne hatte unbewusst den Drang, Ritas Freundinnen klarzumachen, dass Rita gar nicht so schätzenswert war, und unternahm einiges, um dies zu

erreichen. Anne war inzwischen auch an anderen Menschen interessiert und betrog Rita des öfteren. Wie das bei karmischen Verbindungen typisch ist, flog alles schnell auf und ein Drama jagte das andere.

Es kam aber zu keiner endgültigen Trennung. Immer wieder ließen sich die beiden zum Unverständnis Außenstehender aufeinander ein. Sie konnten nicht miteinander glücklich sein und sie konnten nicht ohne einander leben. Irgendetwas hielt sie zusammen.

Bei einem Aura-Reading fragte ich nach, ob die beiden eine karmische Verbindung haben. Und sie hatten eine. Ich bekam ihr vorheriges Leben und die damalige Situation präsentiert. Ich sah ein hohes, herrschaftliches Haus. Es war weiß und hatte ein edles, dunkles Dach und einen herrlichen großen Garten mit schönen Bäumen und angelegten Rasenflächen. Anne war die Herrin des Hauses. Rita war ihre Haushaltshilfe. Sie nähte, wusch die Wäsche, putzte, kaufte ein und kochte. Sie hatte ein nettes eigenes Zimmer und wurde angemessen bezahlt.

Anne lebte in einem goldenen Käfig. Sie war durch ihren Mann sehr reich und konnte alles haben, was sie wollte. Sie hatte auch alles außer wirklicher Liebe und Menschen, die sie verstanden und mochten. Ihr Mann war zwar sehr großzügig, doch auch sehr vernunftorientiert und begriff weder Anne noch ihre Gefühle, Sehnsüchte und Träume. Rita war der einzige Mensch in Annes Leben, dem sie ab und zu ihr Innerstes anvertraute. Sie verriet Rita ihre persönlichsten Wünsche, Sehnsüchte und Träume. Rita war im nahen Dorf bei den Menschen, die dort wohnten und arbeiteten, sehr beliebt. Sie ging oft zum Einkaufen ins Dorf, wurde überall freudig begrüßt und war gern gesehen. Ob sie beim Bäcker oder beim Metzger war, alle hatten ein freundliches Wort für Rita.

Einmal pro Woche hatte Rita ihren freien Tag, an dem sie ins Dorf ging und viele schöne Stunden mit ihren Freunden verbrachte. Sie kam immer sehr glücklich und gut gelaunt zurück ins herrschaftliche Haus. Das war Anne ein Dorn im Auge. Sie hasste es, wenn Rita so glücklich zurückkam. Sie war äußerst neidisch und eifersüchtig. Denn sie selbst war sehr einsam und niemand mochte sie sonderlich auf Grund ihres wegen der Isoliertheit verbitterten Wesens. Es gehörte sich auch nicht für ihren Stand, mit einfachen Leuten Umgang zu haben.

Anne hatte Bedenken, Rita könnte sich bei ihren Freunden über sie lustig machen und ihnen das Anvertraute erzählen. Sie malte sich aus, wie Rita bei ihren Freunden saß und sich alle vor Lachen auf die Schenkel klopften. Dennoch erzählte sie Rita weiterhin ihre intimsten Gedanken, denn sie hatte sonst keine Menschenseele, die ihr zuhörte.

Rita bekam auch oft Annes schlechte Laune, ihren Neid und ihre Eifersucht zu spüren. Beispielsweise geschah es, dass Rita gerade die frisch gewaschene Wäsche zum Trocknen auf die Leine gehängt hatte und Anne ihre schmutzigen Hände an die Wäsche schmierte. Sie meinte danach hämisch, Rita hätte wohl ihren schlechten Tag, denn die Wäsche wäre noch ganz schmutzig.

Über das Essen schimpfte sie auch öfter, aß entweder gar nichts oder stocherte widerwillig darin herum und verschüttete bisweilen absichtlich den Rotwein über das Tischtuch. Wenn Rita die Dielenbretter putzte und bohnerte, lies Anne ihren großen

Wolfshund nach einem langen, ausgiebigen Spaziergang im Moor ins Haus, damit er mit seinen schmutzigen Pfoten all die Arbeit wieder zunichte machte. Oder sie schüttete selbst Schmutz auf den blitzblanken Boden und sagte: „Oh, wie ungeschickt ich doch bin, aber die geschickte Rita wird es schon wieder richten!"
Solche und ähnliche Dinge geschahen fortwährend, vor allem aber nach Ritas freiem Tag, wenn sie glücklich aus dem Dorf zurück kam. Rita verstand nicht, warum ihre Herrin so reagierte. Einerseits vertraute sie ihr das Innerste an, war lieb und nett – und dann war sie wieder so unendlich niederträchtig zu ihr. Rita erhielt im Dorf bei ihren Freunden immer Liebe und Geborgenheit und freute sich auf diese Stunden. Nie kam sie auf den Grund für Annes Ausbrüche. Sie erzählte ihren Freunden im Dorf nichts von alledem, denn sie wusste, ihre Herrin war unbeliebt und galt als absonderlicher Mensch. Die einfachen Dorfbewohner hielten herrschaftliche Menschen ohnehin allesamt für wunderlich, sonderbar und arrogant. So ging es in einem fort in jenem Leben mit Rita und Anne und alles blieb so, wie es war.
Für das vergangene Leben war keine Wandlung vorgesehen, wohl aber für das jetzige. Es diente quasi als Vorbereitung für dieses Leben. Im aktuellen Leben kann diese Erfahrung zu Ende gebracht und abgeschlossen werden. Alles Potenzial dafür ist vorhanden und wurde vorbereitet. Wenn die Erfahrung mit Anne abgeschlossen ist, wird noch einmal ein Mensch oder eine Situation erscheinen, die das Thema des vergangenen Lebens trägt. Die Erfahrung mit Anne zu beenden, bedeutet nicht unbedingt eine Trennung von ihr, sondern die Wandlung des alten Musters. Die erneute Situation oder die Person ermöglichen es, diese Erfahrung zum Teil noch einmal wiederholen zu können, falls es etwas gibt, was die Seele noch nicht vollkommen erfahren hat.
Die andere Möglichkeit ist, das Gefühl zu erleben, dass diese Erfahrung nun wirklich abgeschlossen wurde und nicht mehr weiter fortgesetzt werden soll. Sozusagen eine Art Prüfung für die Seele, damit sie entscheiden kann, ob sie diesbezüglich noch Erfahrungen machen möchte oder nicht. Beide Möglichkeiten sind vorhanden und ohne Wertung zu sehen.

Aus Ego-Gründen erschaffenes Karma

Haben wir ein Karma mit jener Seele, die es betrifft, vor dieser Inkarnation nicht geplant, dann entsteht es häufig aus egoistischen Motiven heraus. Um ein markantes Beispiel zu nennen: Wenn wir jemanden ermorden und ihn somit an der Erfüllung seines Lebensplanes hindern, dann haben wir mit dieser Seele ein Karma erschaffen. Wir werden nicht dafür bestraft, wie viele meinen, wir müssen aber einen Ausgleich herstellen. So wie wir den freien Willen hier auf Erden haben, geschieht es schon mal, dass wir nur um unseres eigenen Vorteils Willen einem anderen Menschen erheblich schaden, sodass er Situationen nicht mehr so erleben kann, wie er sie vor seiner Inkarnation geplant hat. Wir werden uns dann auf seelischer Ebene dazu bereit erklären, dieser Seele in wahrscheinlich dem nächsten Leben jede mögliche Hilfestellung zu geben, um den verpassten Lebensplan bestmöglichst nachzuholen. Und das kann für uns als Menschen schon mal sehr unangenehm und beschwerlich werden. Für die

Seele jedoch ist das kein Problem, denn sie weiß um die Tatsache des freien Willens und des Ausgleichs. Auch so ein „Malheur“ wie ein verdorbener Seelenplan mit dem nötigen Ausgleich gehört zu den Erfahrungen, denen sich die Seele stellt und die sie erleben möchte.
Darunter fällt auch jenes Karma, das durch das Abgeben von Schwüren und Gelübden entstand. Denn meistens geschieht auch das aus egogesteuerten Motiven. Schwüre wie: „Ich werde immer auf dich warten“, „Ich schwöre dir auf ewig unsterbliche Liebe“, „Es wird nur noch dich für mich geben für immer und ewig“, „Im nächsten Leben werden wir heiraten“, „Ohne dich kann ich nicht leben, sag dass du mich nie verlässt“, „Ich gelobe dir Treue bis in alle Ewigkeit“, „Ich werde dich immer lieben“, „Ich werde immer und ewig alles für dich tun und für dich da sein“, „Ich werde dir das niemals verzeihen“, „Ich schwöre dir ewige Rache“ und so weiter werden im nächsten Leben, in dem man aufeinander trifft, genau diese Situationen wieder erschaffen.
Deshalb sollte man sehr darauf achten, was man zu wem sagt, und Gelübde, die mit „immer und ewig“ beginnen, am besten gar nicht erst ablegen, will man nicht im nächsten Leben dieses Gelübde wieder ausagieren müssen.
Ein Beispiel dafür ist das Karma von Sina und Tom:
In diesem aktuellen Leben waren die beiden ein Liebespaar. Sina tat alles, aber auch wirklich alles für Tom. Selbst dann, wenn es nachteilig für sie war. Sie bediente ihn von hinten bis vorne, war ständig unterwürfig, hatte keine eigene Meinung und redete Tom nach dem Mund. Alles, was er gut fand, fand auch sie gut, und alles was er nicht mochte, mochte auch sie nicht. Andererseits beschwerte sie sich immer öfter, dass Tom so wenig für sie tat. Aber er hatte ja gar keine Möglichkeit dazu. Denn sie kam ihm immer zuvor. Sie überschüttete ihn mit Liebesbeweisen. Tom bekam keine Chance, ihr von sich aus seine Liebe zu zeigen, denn immer war sie diejenige, die ihm ihre Liebe regelrecht aufdrängte und ihm damit zuvorkam. Sie bemerkte diese Mechanismen nicht und beschwerte sich, dass von ihm immer nur die Antwort kam: „Ja, ich liebe dich auch.“ Es war ein Teufelskreis.
Tom wurde das auf die Dauer langweilig und er sehnte sich nach einer Partnerin, die ihm ein echtes Gegenüber sein konnte, einer Partnerin mit einer eigenen Weltanschauung und Meinung. Er wollte sich mit ihr auseinander setzen. Sina sagte und schrieb ihm immer wieder, wie sehr sie ihn liebe, sie sei immer und ewig für ihn da und würde alles für ihn tun. Das wurde Tom sehr unangenehm, und er fing an, diese Sätze zu verabscheuen. Dabei befiel ihn ständig ein schlechtes Gewissen. Wieso verachtete er diese Aussprüche von Sina so sehr, wo sie doch alles für ihn tun würde? Eigentlich sollte er sich doch darüber freuen! Aber er konnte es nicht. Andererseits fühlte er eine eigenartige Genugtuung in sich. Er hegte den Gedanken, Sina könne eigentlich gar nicht genug für ihn tun, und das, was sie für ihn alles tat, wäre nur gerechtfertigt. Er verstand oft selbst nicht, wie es dazu kam, dass er diese konträren Gedanken und Gefühle in sich trug.
Tom bat mich, mit Hilfe eines Aura-Readings Klarheit in das Karma zwischen ihm und Sina zu bringen. Dabei bekam ich Szenen aus einem vergangenen Leben gezeigt, die etwas Licht ins Dunkel brachten und Erklärungen lieferten.

In jenem anderen Leben war Sina ein junger Mann und Tom eine junge Frau. In der Sequenz, die ich von diesem Leben sah, saßen die beiden unter einer Holzbrücke und es regnete in Strömen. Der junge Mann/Sina schwor der jungen Frau/Tom, dass er immer für sie da sein, sie immer lieben, sie niemals mehr verlassen würde und restlos alles für sie täte. Der Grund für diesen Schwur war: Der junge Mann, also Sina, hatte Tom dasjenige genommen, das er am allermeisten liebte: als Gegenleistung gab sie ihm diesen Schwur.
Die Gründe hierfür entsprangen Sinas Ego. Sie nahm in dem damaligen Leben Tom mit Absicht das Liebste, um ihm dann diesen Schwur leisten zu können, der ihn an sie band. Und Tom nahm diesen Schwur in jenem Leben gerne an und dachte sich, dass es das Mindeste wäre, was Sina für ihn tun könne und auch sehr angemessen sei in Relation zu seinem großen Verlust. Als ich bei dem Aura-Reading nachfragte wer oder was das Liebste von Tom war, bekam ich als Antwort, dass es nicht gut wäre, wenn ich es erfahren würde und so wurde es mir nicht offenbart.
Anhand dieser Geschichte kann man sehr gut erkennen, welche Folgen ein ewig bindender Ausspruch haben kann. Wenn dieses Karma nicht durchbrochen wird, so werden sich die betroffenen Seelen in kommenden Inkarnationen immer wieder begegnen, um es auszuagieren. Das wird so lange geschehen, bis es einer von beiden durchbricht.
Aber auch hier gibt es eine Lösung: Solche bindenden Aussprüche können neutralisiert werden. Nötig dazu ist das Erkennen und die Bewusstheit, dass es nun reicht und man hier aussteigen möchte.
Die Situation im aktuellen Leben von Sina und Tom bewirkte eine Beendigung dieses Karmas. Tom trennte sich von Sina. Sie versuchten, eine gewöhnliche Freundschaft zu führen, waren aber immer noch durch das unsichtbare Band ihres Karmas auf eigenartige Weise miteinander verbunden. Dadurch war keine „normale" Freundschaft möglich. Selbst nach ihrer Trennung hing Sina an Toms Lippen und stellte ihn über alles. Sie dachte, wenn sie nur alles Erdenkliche für ihn täte, würde er eines Tages wieder zu ihr zurückkehren.
Gelöst wurde ihr Karma durch Toms Erkennen des vergangenen Lebens. Er nutzte diese Chance, die alten Gelübde zu durchbrechen. Tom verstand nun, warum das alles so war. Er trug seinen Teil dazu bei, indem er innerlich immer dem Gedanken verhaftet war, es wäre nur gerechtfertigt, wenn Sina ihn so sehr verehrte und alles für ihn tat. Ihn bewog auch das Gefühl, Sina müsse für etwas büßen, und er konnte und wollte sie nicht loslassen; obwohl er es sich auf der anderen Seite so sehr wünschte. Als ihm dies durch die Rückschau deutlich wurde, wusste er: Nun hatte er die Chance, das gemeinsame Karma zu beenden. Auf feinstofflicher Ebene in einem meditativen Zustand bedankte er sich bei Sina für diese Erfahrung. Er verzieh ihr, dass sie ihm in jenem vergangenen Leben das Liebste genommen hatte, und sagte ihr, ihre „Schuld" wäre nun beglichen und er würde sie frei lassen. Sie müsse nun nicht mehr für ihn da sein und ihn auch nicht mehr auf solch ungute Weise lieben. Sie wäre frei und könne tun, was sie wolle.

Tom fiel es anfänglich nicht leicht, Sina zu „entlassen". Er fühlte einen eigenartigen Verlust in sich, dennoch war da auch ein befreiendes Gefühl. Es war wie ein innerli-

ches Seufzen, das sagte: „Es fällt schwer, etwas so Gewohntes gehen zu lassen, aber zum Glück ist es nun endlich vorbei."
Der Kontakt zwischen den beiden veränderte sich schlagartig. Sina konnte Tom nun so sehen, wie er war, mit all seinen Schwächen, und stellte ihn auch nicht mehr auf ein Podest. Endlich nahm ihre Beziehung zu Tom Züge einer normalen Freundschaft an und Sina verliebte sich in einen anderen Mann.

Situationsgebundenes Karma

Meist hat man sein karmisches Thema schon von Lebensbeginn an. Es wurde uns von uns selbst, von unserer Seele in die Wiege gelegt. In der Kindheit, im Elternhaus, in der Schule mit Mitschülern und Lehrern und später in unseren Beziehungen herrscht bei vielen Menschen ein Thema vor; allerdings ist dies nicht immer in so einer großen Deutlichkeit wie in manchen dramatischen Lebensausdrücken zu beobachten. Dieses Thema durchzieht also unser Leben wie ein roter Faden. Wir fragen uns, warum gerade wir immer und immer wieder damit konfrontiert werden. Egal wohin wir uns wenden, immer wieder begegnen uns Menschen und Situationen, mit denen wir unser Thema auf mehr oder weniger stürmische Art erleben.
Erfahrungsgemäß ist es so, dass wir eine „Hauptfigur" in unserem Leben haben, mit der wir dieses Thema am stärksten bearbeiten. Je nach Lebensabschnitt wechselt die „Hauptfigur" manchmal die Person. Erst ist es vielleicht ein Elternteil, der uns damit konfrontiert, dann begegnet uns dieses Thema eventuell bei einem Vorgesetzten und dann wahrscheinlich auch in unserer Partnerschaft. Wir werden jene Menschen anziehen, die uns helfen, unsere Erfahrungen damit zu sammeln.
Dabei gibt es jene Form des geplanten Karmas, das wir immer nur mit einer Seele erleben. Im Laufe unserer Inkarnationen entwickelt sich eine gewisse Dynamik zwischen den Seelen, die sie immer wieder zueinander zieht, um ihr gemeinsames Thema in sämtlichen Facetten durchzuspielen.
Eine andere Form des geplanten Karmas ist, dass es uns nur um die Situation / das Thema an sich geht. Es ist nicht an nur eine Seele geknüpft, sondern es dreht sich hierbei ausschließlich um das Thema. In den Inkarnationen, in denen wir dieses Thema erleben, werden uns viele Seelen dabei behilflich sein und ihre Rolle für uns spielen. Oft hört man Aussprüche wie: „Oh, ich gerate immer wieder an die gleichen Menschen", „Warum komme ich immer in solche Situationen?", „So was passiert mir dauernd". Solche Aussagen können, müssen aber nicht auf ein karmisches Thema hindeuten. Die anderen Menschen/Seelen sind uns lediglich behilflich, dieses Karma zu erleben und zu erfahren. Wobei sich hier gerne Seelen dazu bereit erklären, die eine Affinität zu unserem Thema haben. Man hilft sich sozusagen gerne gegenseitig aus, um dadurch einen Teil für sich selbst nutzen und leben zu können.
Die folgende Geschichte kann eine solche karmische Thematik verdeutlichenDas Thema von Mona ist Schuld und Vergebung. Dieses Thema suchte sich Monas Seele aus, um daran zu wachsen und um spezifische spirituelle Erfahrungen zu sammeln. Sie wird dabei von vielen anderen Seelen unterstützt, die bestimmte Rollen in den Inkarnationen von Monas Seele spielen.

Im derzeitigen Leben äußerte sich dieses Karma folgendermaßen. Mona war kein Wunschkind. Ihre Mutter hatte schon einen Sohn. Er war geplant und erwünscht. Als Monas Mutter abermals schwanger wurde, empfanden sie und ihr Mann es als großes Unglück. In der damaligen Zeit gab es noch keine legalen Abtreibungen und es war üblich, solch ungewollte Kinder selbst abzutreiben. Als alle Versuche hierzu nichts halfen, probierten Monas Eltern, sie mit Hilfe einer Stricknadel abzutreiben. Mona wurde als kleiner Embryo davon durchbohrt, aber es wurde kein lebenswichtiges Organ dabei verletzt. Bei Embryos heilen solche Verletzungen wieder und Mona blieb am Leben und wurde geboren. Was ihr blieb, war die tiefe Empfindung, „... nicht erwünscht und dabei selbst daran schuld zu sein".

In Monas Kindheit wurde stets ihr Bruder bevorzugt. Er bekam alles sofort. Wenn sie eine Bitte äußerte, reagierten ihre Eltern genervt und unwirsch mit Aussprüchen wie: „Was willst du schon wieder?", „Du hast hier gar nichts zu melden!", „Du bist ja nur ein Mädchen", „Lass uns in Ruhe, wir haben Wichtigeres zu tun, als dir zuzuhören". Diese und ähnliche Aussprüche waren an der Tagesordnung und Monas Gefühl, nicht genug zu sein und selbst Schuld daran zu haben, wuchs.

Auch als erwachsene Frau wurde Mona von diesen Gefühlen beherrscht. Bei allem, was schief ging, fühlte sie sich verantwortlich und schuldig, auch wenn sie wusste, dass dem nicht so war. Die Auswirkungen auf ihr privates und berufliches Leben waren enorm. Sie geriet immer an Menschen, die ihr die andere Seite dieses Themas spiegelten und ihr gerne das Gefühl vermittelten, sie wäre tatsächlich immer an allem schuld.

Einer dieser Menschen war ihr Chef. Er war Choleriker und hatte außerdem eine überaus dominante Frau. Was er bei seiner Frau nicht ausagieren konnte, dafür musste Mona hinhalten. Wenn er mal wieder schlecht gelaunt war, was sehr häufig vorkam, nörgelte er ständig an Mona und ihrer Arbeit herum. Es ging sogar so weit, dass Mona sich schuldig fühlte, als ihr Chef eine Beule in sein Auto fuhr und ihr das ganz aufgebracht erzählte.

Mona wurde immer unglücklicher und zurückhaltender. Das führte eines Tages sogar so weit, dass sie sich nicht mehr unter Menschen traute. Auch der Arbeitsweg wurde ihr zum Graus. Sie fuhr normalerweise mit der U-Bahn. Aber unter so vielen Menschen fühlte sie sich unwohl. Sie traute sich auch nicht mehr, sich zu setzen, weil sie sich dann schuldig fühlte, jemand anderen diesen Platz weggenommen zu haben. Also stand sie lieber. Aber auch dabei fühlte sie sich bald schuldig, denn da, wo sie stand, konnte kein anderer sein, und sie nahm wieder einen Raum ein, der ihr gar nicht zustand. Sie dachte, ihre bloße Anwesenheit sei ein Ärgernis für ihre Mitmenschen. Deshalb benutzte Mona die U-Bahn nicht mehr und legte alle ihre Wege mit dem Fahrrad zurück. Im Laufe der Zeit führte auch dies zu dem gleichen Muster. Los ging es damit, dass Mona sich verantwortlich fühlte, wenn ein Auto wegen ihr bremsen oder ein Fußgänger warten musste, bis sie vorbei war.

Mona entwickelte eine regelrechte Phobie und sie traute sich nur noch in Ausnahmefällen aus dem Haus. Ihre Arbeitsstelle wurde ihr gekündigt und ihr Hausarzt überwies sie in die Psychiatrie. Die Behandlung dort dauerte Monate, und als Mona nicht mehr suizidgefährdet war, brachte man sie in eine betreute Wohngemeinschaft.

Sie lebte sich dort gut ein und schloss Freundschaft mit einem Mitbewohner. Dieser nahm sie eines Tages mit zu seinem Meditationskreis. Mona war begeistert. Endlich hatte sie eine Methode gefunden, mit der sie sich selbst helfen konnte. Sie nahm regelmäßig an den Gruppenmeditationen teil und übte auch für sich alleine.
Der Meditationslehrer kannte sich „zufällig“ gut mit Karma-Geschichten aus und schlug Mona vor, spezielle Fantasiereisen mit ihr zu machen, um ihr zu helfen. Mona willigte ein und sie arbeiteten beständig an ihrer Geschichte. In den Sitzungen kam ans Licht, dass Mona schon in vielen Inkarnationen dieses Thema hatte. Sie trat in Kontakt mir ihrem Höheren Selbst und tat die Absicht kund, dass sie von nun an keine Situationen mehr erleben wolle, die ihr dieses Thema präsentierten. Sie löste sich auf feinstofflicher Ebene von ihren Eltern und ihrem Bruder ab, was sie befreite. Den Durchbruch erlangte sie, als sie aus ganzem Herzen ihren Eltern verzeihen konnte. Langsam entwickelte sie ein immer tieferes Vertrauen in sich selbst. Durch das regelmäßige Meditieren und die Gemeinschaft ihrer Meditationsgruppe lernte sie, dass sie wertvoll war, eins mit allem und ein Teil des Allganzen. Langsam, aber sicher änderte sich ihr Leben und sie wurde glücklich.

Begegnungen mit „fremden“ Seelen

Der folgende Abschnitt hat strenggenommen nichts mit unseren bekannten seelischen Beziehungen zu tun. Ich finde es dennoch sehr wichtig, zu erkennen, dass es auch immer wieder neue Begegnungen in unseren Leben gibt. Diese Begegnungen beinhalten eine besondere Chance. Die Chance der ersten Begegnung ist: Reinheit und Entwicklung zu licht- und liebevollem Umgang miteinander und zu gemeinsamem Wachstum.
Irgendwann trifft man sich immer das erste Mal auf Erden. Wir werden hier nicht nur die Seelen treffen, die wir schon aus früheren Leben kennen, sondern es begegnen uns auch immer wieder „fremde“, „neue“ Seelen, mit denen wir noch in keiner vorhergehenden Inkarnation etwas zu tun hatten. Auch diese Seelen vermögen eine sehr große Rolle in unserem Leben zu spielen. Man sollte deshalb nicht den Fehler machen und beginnen, Menschen unterteilt in Seelenverwandte oder Nicht-Seelenverwandte zu sehen. Sind wir von der Dualseele oder einem anderen Seelenverwandten berührt worden und von den starken Gefühlen und Anhaftungen einer solchen Verbindung überaus geprägt, dann treten jene Menschen, mit denen wir eine solch starke Verbindung nicht haben, leider oft in den Hintergrund. Wenn das passiert, dann ist das sehr schade, und wir sollten wissen: Mit „fremden“ Seelen ist eine enorme Entwicklung und Chance für unser Leben gegeben.
Die Dualseele und unsere Seelengeschwister lieben wir ohnehin. Es gilt aber zu erkennen, dass wir letztlich alle eins sind und unsere Liebe auf alle Menschen auszudehnen ist. Das ist einer der Gründe, weshalb uns eine „neue“ Seele über den Weg läuft.
Hat man sich hier auf Erden noch nie gesehen und weder eine karmische Verbindung noch sonst etwas miteinander geteilt, dann tritt man sich gänzlich rein und unbeschwert gegenüber. Die Gefühle, die man für eine solche Seele empfindet, sind eben-

falls rein und klar. Es gibt kein heißes Entflammen und keine absolute Liebe wie bei der Dualseele. Es entsteht kein magischer Drang, sich auf diesen Menschen einzulassen, egal was passiert, wie bei einem karmischen Seelengefährten. Keine Liebe, die einfach so da ist und nichts erwartet, wie bei einem Mitglied aus seiner Seelenfamilie. Bei einer solchen Begegnung ist alles offen, alles ist neu. Es gibt nichts, was war, sondern nur das, was kommen mag. Jeder ist für den anderen ein unbeschriebenes Blatt. Und gerade das ist die große Chance.

Eine „fremde" Seele bringt uns immer in Kontakt mit uns selbst und mit dem, was wir aus uns und unserer Vorstellung von uns machen wollen. Hier können wir ganz ohne Altlasten das tun, was uns ein Stückchen näher zur Liebe und zur Alleinheit bringt. Denn es gibt kein Karma, das abgetragen werden müsste, keine Freuden oder Leiden von Begegnungen aus anderen Leben. Mit einer „fremden" Seele besteht die große Chance des Erschaffens einer neuen Beziehung, wie immer diese auch aussehen mag. Wir können wählen und entscheiden, wie wir sein wollen und welche Eigenschaften wir bei unserem Gegenüber zum Ausdruck bringen möchten. Zeigen wir dem Anderen unsere Achtung und schätzen ihn oder treten wir ihm voller Misstrauen und Argwohn gegenüber? Dies ist unsere alleinige Entscheidung, unser freier Wille.

Mit einer „fremden" Seele teilt man nicht jenes geheimnisvolle Gefühl des Wiedererkennens wie mit unseren seelischen Vertrauten. Das mag eine solche Begegnung und einen Kontakt nicht so spannend gestalten. Dafür gibt es aber die fantastische Möglichkeit des absolut Neuen, des noch nie Dagewesenen, die Chance, das eigene Potenzial so zu leben, wie das mit vertrauten Seelen, mit denen viel durchlebt wurde, nie möglich wäre.

Wir sollten deshalb den Schatz und die Chance für unser persönliches Wachstum und Weiterkommen nicht nur auf unsere alten seelischen Verbindungen beschränken, sondern auf alle Menschen, die uns begegnen, ausdehnen.

Teil 3 - Methoden zur Klärung und Selbsthilfe bei Problemen mit seelischen Beziehungen – Anleitungen zu praktischen Übungen und Meditationen

Spirituelle Techniken zur Selbsthilfe

In diesem Kapitel möchte ich dir, liebe Leserin, lieber Leser, einige spirituelle Techniken vorstellen, die dir bei Kummer und Problemen mit deiner Dualseele helfen können. Diese Techniken sind nicht nur geeignet, um auf spirituelle Weise Klarheit in deine Beziehung zu deiner Dualseele zu bringen, sondern sie werden dir auch auf deinem Weg eine große Hilfe sein. Einige dieser Techniken können dir auch in anderen wichtigen Lebensbereichen sehr behilflich sein.
Da ein guter Kontakt zu unserem Höheren Selbst von großer Bedeutung und eine enorme Unterstützung auf unserem spirituellen Pfad darstellt, werde ich als erstes erklären, was das Höhere Selbst ist und in welcher Art die Kommunikation mit ihm stattfinden kann.

Das Höhere Selbst

Das Höhere Selbst ist die Instanz in dir, die alle Antworten auf deine Fragen weiß. Das Höhere Selbst ist deine innere Stimme, deine allwissende innere Weisheit. Es ist im Grunde genommen deine eigene Seele, die zu dir spricht. Deine Seele ist ja nicht nur das, was du von dir wahrnimmst, sondern beinhaltet auch die Aspekte deines Selbst, die nicht in deinem Körper wohnen, sondern in Lichtebenen zu Hause sind. Und deine Seele steht ständig in engstem Kontakt mit deinen inkarnierten und nichtinkarnierten Seelengeschwistern, deiner Seelenfamilie und anderer Wesen in der feinstofflichen Welt. Deshalb ist ihr Wissen so enorm. Sie hat Zugang zu allen Erfahrungen deiner vergangenen Leben, dem Wissen deiner Seelenfamilie und zu deiner aktuellen Lebensaufgabe.
In unserer Wortwahl und mit der Bezeichnung „Höheres Selbst“ trennen wir diesen Aspekt von uns ab. Es ist jedoch so, dass wir unser Höheres Selbst SIND, nur haben wir, im Egozentrismus gefangen, nicht zu jeder Zeit vollen Zugang zu ihm. Ich bin mit dem Ausdruck „Höheres Selbst“ nicht ganz glücklich, da ich es nicht als höher ansehe. Wir sind das Selbst – eben der Aspekt von uns, der nicht inkarniert ist und in einer anderen Dimension weilt. Wir sind mit diesem Aspekt ständig in Verbindung und müssen nur wieder lernen, ihn wahrzunehmen.
Viele Menschen können von einer inneren Stimme berichten, die sie vor einer möglichen Gefahr warnte. Obwohl ihr Verstand rebellierte, taten sie etwas nicht, hörten also auf ihre innere Stimme. Kinder haben meist noch einen guten Kontakt dazu und

reagieren auf manche Situationen instinktiv. Aber auch wir können wieder Kontakt mit unserer inneren Weisheit bekommen. Wie das am besten gelingt, werde ich in dem Kapitel über Meditationen beschreiben. Diese Meditationen haben mir den Kontakt zu meinem Höheren Selbst wieder hergestellt. Inzwischen ist der Kontakt oft auch ohne besondere Anstrengung da. Ohne mich in einen meditativen Zustand begeben zu müssen, weiß ich plötzlich die Antwort auf meine Frage oder mein Problem.
Dazu empfehle ich dir, das Buch „Ihr höheres Selbst" von Safi Nidiaye zu lesen. Darin befinden sich zahlreiche Tipps, Hilfen und Erklärungen zu diesem Thema.
Wie bei anderen spirituellen Techniken kann es leicht passieren, dass man auf sein eigenes Ego oder seine Wunschvorstellung hört und es sich nicht um das Höhere Selbst handelt. Der Mensch möchte die Wahrheit oft nicht hören, vor allem, wenn sie unbequem oder schmerzhaft ist. Ist die Antwort unangenehm, kann man mit ziemlicher Sicherheit davon ausgehen, dass sie vom Höheren Selbst kam. Üben, üben, üben und eine große Portion an Selbstkritik bringen bald Fortschritte und lassen uns unsere inneren Stimmen voneinander unterscheiden.

Wie unser Höheres Selbst mit uns spricht

Wenn wir einmal einen guten Kontakt zu unserem Höheren Selbst hergestellt haben, können wir mit ihm zu jeder Zeit kommunizieren. Egal wo wir uns befinden und in welcher Situation wir gerade stecken, unser Höheres Selbst ist zu jeder Zeit mit uns. Wir können uns immer einen Rat von ihm einholen. Wir brauchen es nur in Gedanken um seine Unterstützung und Hilfe zu bitten.
Die Antworten können uns auf unterschiedliche Weise zukommen. Manchmal erhalten wir sie als Gedanken in unserem eigenen Kopf. Das fühlt sich dann oft wie der so genannte Aha-Effekt an. Es ist, als würde es in unserem Kopf „Klick" machen und die Antwort ist präsent. Manchmal dauert es jedoch eine Weile und die Antwort wird durch einen anderen Menschen überbracht. Dieser wird uns etwas mitteilen, wir erhalten also durch das Gespräch mit ihm unsere Antwort. Dabei werden wir ebenfalls meist einen Aha-Effekt empfinden. Genauso gut passiert es, dass man „zufällig" ein Buch in die Hände bekommt oder eine Fernsehsendung sieht, die uns die Antwort präsentiert. Das Höhere Selbst spricht auch in unseren Träumen mit uns. Es ist sehr erfinderisch und wird uns immer das zuteil kommen lassen, was für uns am besten ist.
Bisher hatte ich mein Höheres Selbst bewusst in Meditationen aufgesucht oder im Alltag meine Fragen und Bitten gestellt. Vor einiger Zeit hatte ich jedoch ein erstaunliches Erlebnis. Mein Höheres Selbst suchte mich auf. Die folgende Geschichte soll aufzeigen, wie intensiv der Kontakt zum Höheren Selbst werden kann, wenn wir uns darauf einlassen.
Zu dieser Zeit war mein Leben ziemlich konfus. Ich war längere Zeit arbeitslos und alle Bemühungen, einen Job zu bekommen, blieben ergebnislos. Mich trieben einige belastende familiäre Probleme um und dann erhielt ich zu allem Übel noch einen Abschiedsbrief von meiner Dualseele. Es kam wie so oft alles zusammen. Ich hatte das Gefühl, als wäre in mir und rund um mich herum das komplette Chaos ausgebrochen. Der Abschiedsbrief meiner Dualseele war der berühmte Tropfen, der das Fass

zum Überlaufen brachte und mich in eine schlimme Depression stürzte. Dieser Abschiedsbrief traf mich völlig unerwartet und unvorbereitet.
Fast zwei Jahre lang führte ich eine sehr intensive und sehr glückliche Liebesbeziehung mit meiner Dualseele. Leider gelangten auch wir an den Punkt, an dem wir uns gegenseitig blockierten. Auch die anderen für Dualseelen besonders typischen Schwierigkeiten und Alltagsprobleme erschienen in unserer Partnerschaft. Wir waren nicht in der Lage diese Probleme zu lösen. Eine sehr chaotische und überaus schmerzhafte Trennung war die Folge davon. Besonders belastend war dabei die Tatsache, dass die Liebe natürlich nicht verschwindet. Im Laufe der Zeit habe ich jedoch gelernt mit den Methoden, die ich hier vorstelle, damit umzugehen. Seit fast vier Jahren versuchte ich nun, einen freundschaftlichen Kontakt zu meiner Dualseele aufzubauen. Es gab viele Höhen und Tiefen. In letzter Zeit war unser Kontakt sehr gut – fand ich jedenfalls. Wir trafen uns und telefonierten öfters. Jedes Mal hatte ich das Gefühl, wir würden nun ganz langsam einen guten Kontakt zueinander aufbauen und uns einer für beide Seiten bereichernden Freundschaft annähern. Jedoch bemerkte ich nicht, dass ich mir dabei selber etwas vormachte. Denn unser Kontakt war mit äußerst schmerzhaften Gefühlen verbunden. Bei unseren Treffen und Telefongesprächen kam häufig Leid und Kummer auf. Das war auch bei meiner Dualseele so. Sie teilte es mir in ihrem Brief mit und schrieb, sie würde sich mit diesen Zeilen von mir verabschieden. Sie müsse ihren eigenen Weg gehen und würde sonst nicht weiterkommen. Es erschien mir also endgültig! Mein Schmerz darüber war sehr groß. Er stellte alle anderen Probleme wie die Arbeitslosigkeit völlig in den Schatten.
Das Eigenartige dabei war ein Traum, den ich einige Tage, bevor ich den Brief erhielt, hatte. Ich träumte, meine Dualseele würde den Kontakt zu mir abbrechen. Am nächsten Morgen dachte ich noch: „Welch ein absurder Traum – jetzt wo unser Kontakt so gut ist!" Dieser Traum war aber schon ein Hinweis meines Höheren Selbst.
In den Tagen nach dem Brief ging es mir immer schlechter. So kannte ich mich gar nicht. Ich bekam Depressionen. Sie äußerten sich mit großer Müdigkeit und Antriebsschwäche. Am liebsten wäre ich den ganzen Tag über im Bett geblieben. Mit großen Mühen zwang ich mich zu Aktivitäten. Meine täglichen Verpflichtungen wurden zum Kraftakt, alles war unendlich beschwerlich. Selbst alltägliche Dinge wie den Müll wegzutragen verlangten eine enorme Anstrengung.
In dieser dunklen Zeit suchte ich oft meinen inneren sicheren Ort auf. Dort traf ich meist ein Wesen, das mich tröstete. Eines Tages stand es vor mir, kaum dass ich an meinem Ort angelangt war. Es sagte, mein Höheres Selbst wolle mich sehen und es sei sehr wichtig und dringend. Ich wunderte mich, denn bisher war ich diejenige, die es aufgesucht hatte. Also machte ich mich mit dem Wesen auf den Weg.
Mein Höheres Selbst saß mit einer ernsten Miene vor mir und kam gleich auf sein Anliegen zu sprechen. Es sei ernst und es müsse unbedingt mit mir reden. Meine Entwicklung stagniere, weil sich meine Gedanken ständig um meine Dualseele drehten. Dabei gehe es nicht um die Tage nach dem Brief. Es gehe um diese Jahre, in denen ich mich in gewisser Weise nicht von der Stelle bewegt habe. Auch weil ich mit der Trennung von meiner Dualseele nicht klar komme und dauernd über sie nachdenke. Mein Höheres Selbst meinte, so könne es nicht mehr weitergehen. Meine

Entwicklung müsse nun endlich wieder voranschreiten. Anderenfalls würde ich aus der Inkarnation herausgenommen, was zwar sehr schade wäre, denn ich hätte hier noch einige Aufgaben zu erledigen. Aber diese Aufgaben könne ich nur erledigen, wenn ich nicht auf der Stelle stehe und mich weiter entwickle. Ich war ziemlich überrascht, aber nicht im Geringsten geschockt, noch hatte ich Angst. Mein Höheres Selbst meinte, ich solle mich wieder um meine Angelegenheiten kümmern. Es zeigte mir Lösungen auf, sagte aber, ich müsse diese Wege selber gehen. Ich solle einen Weg beschreiten und nicht an der Gabelung sitzen bleiben, weil ich nicht wüsste, welchen Weg ich nun einschlagen solle. Es gebe keinen falschen Weg, meinte es, ich müsse nur endlich einen gehen.
Das habe ich auch getan. Es war die drastischste Begegnung mit meinem Höheren Selbst, die ich bisher erfuhr. Sie zeigte mir, wie wertvoll und hilfreich der Kontakt zu ihm ist und welch wertvolle Ratschläge wir dadurch erhalten können.

Vorbereitung zur Meditation 1: Entspannungstechniken

Bevor du eine Meditation beginnst, solltest du sicherstellen, dass du nicht gestört wirst. Am besten also Telefon und Türklingel abstellen. Du kannst im Sitzen oder Liegen meditieren; wie es dir am liebsten ist. Meine Erfahrung hat mir gezeigt, dass man im Liegen allzu gern einschläft. Aber das musst du für dich selber ausprobieren. Wichtig ist, dass du es bequem und warm hast und an einem Ort bist, wo du dich geborgen fühlst. Du solltest auch keinen knurrenden oder zu vollen Magen haben. Wenn dich ruhige Musik nicht ablenkt, kann sie eine gute Hilfe zum Einstieg sein. Ich empfehle allerdings reine Instrumental-Musik, zum Beispiel „Tibetische Klangschalen".
Richte dir deinen Meditationsraum nach deinen Vorlieben her. Zünde eine oder mehrere Kerzen an. Lasse ein Räucherstäbchen seinen Duft verströmen oder schmücke den Raum mit Blumen oder anderen Dingen, die du gerne hast. Lege dir am besten auch etwas zum Schreiben parat, damit du dir dein Erlebnis nach der Meditation sofort notieren kannst. Erfahrungsgemäß vergisst man das Erlebte sehr schnell wieder.
Es ist auch sehr hilfreich, ein Meditations-Tagebuch zu führen. Daran kannst du nach einiger Zeit der Übung deine Fortschritte erkennen und sehen, was sich in der Realität geändert hat. Es ist erstaunlich, wie sehr man mit spiritueller Arbeit sein Leben wieder in Einklang bringen und bereichern kann. Häufig erkennt man die Früchte seiner Arbeit nicht – deshalb ist das Tagebuch eine wirklich großartige Hilfe. Kurze Stichpunkte genügen völlig als Erinnerungsstütze.
Wenn du dies alles berücksichtigt hast, dann mache es dir bequem. Du brauchst nicht im Lotussitz zu sitzen, falls dir das zu unangenehm ist und dich von deinen inneren Bildern und Eindrücken ablenkt. Wähle die Stellung im Sitzen oder im Liegen, die für dich zum Entspannen am geeignetsten ist.
Du kannst die von mir vorgestellten Meditationsübungen auch miteinander verbinden. Übe aber erst eine nach der anderen. Wenn du die Übungen dann ausbauen möchtest, kannst du sie nach deinen Vorstellungen und nach Belieben verknüpfen und variieren.

Das Wichtigste ist, dass du selber Fantasie entwickelst. Diese Übungen sollen dir als grobe Richtlinie dienen. Sie haben mir und anderen geholfen, doch ist es möglich, dass du für dich etwas entdeckst, das dir und deiner Situation besser entspricht. Dann ist das wunderbar. Du wirst im Laufe der Zeit feststellen: Es gibt nichts, was du nicht auch auf feinstofflicher Ebene bearbeiten kannst. Es ist nichts unmöglich – die Begrenzungen macht man sich nur selber im eigenen Kopf.
Die Entspannungstechniken wirken auf jeden Menschen unterschiedlich. Probiere diejenige aus, die dir am geeignetsten erscheint. Die Vorliebe für eine Technik kann variieren. Je nachdem, ob du einen stressigen Tag hattest oder schon tagsüber entspannen konntest, wirst du mal diese, mal jene Technik bevorzugen. Diese Techniken sind sowohl zur Vorbereitung auf die Meditationen gedacht wie auch als eigenständige Übung anwendbar. Wenn du einen anstrengenden Tag, ein schwieriges Gespräch oder sonst eine schwere Situation hinter dir hast, können dir diese Techniken eine Hilfe zur Entspannung und Loslösung geben.

Muskelanspannung und Muskelentspannung

Lege dich bequem auf den Rücken und spanne alle deine Muskeln an, halte diese Spannung für zirka fünf Sekunden und lasse dann wieder los. Wiederhole das Ganze drei Mal. Solltest du nach den drei Vorgängen noch nicht das Gefühl haben, vollständig entspannen zu können, lass dir einige Minuten lang Zeit und wiederhole die Übung. Diese Übung hilft dir besonders, nach einem anstrengenden Tag zur Entspannung zu kommen. Verweile in einer dir bequemen Stellung mit geschlossenen Augen und beginne mit der Meditation.
Variante: Hier liegst du ebenfalls auf dem Rücken. Räkle dich ein paar Mal, um die für dich bequemste Lage zu finden. Nun konzentriere dich auf deine Füße. Ziehe sie in Richtung Knie und spreize sie. Lasse dann ganz langsam die Anspannung los und fühle die angenehme Wärme, die in deine Füße einströmt. Spanne nun deine Beine an und drücke die Knie durch. Halte diese Spannung eine kleine Weile und lasse sie dann ganz allmählich los. Du fühlst wie die Wärme von deinen Füßen nun auch deine Beine durchflutet.
Nun spanne deine Pomuskulatur kräftig an und fühle in das Zentrum dieses Bereichs. Ziehe das Zentrum etwas in Richtung Bauchnabel. Lasse dann die Anspannung langsam los und fühle auch hier, wie wunderbar locker, entspannt und warm sich dein Unterleib anfühlt.
Als nächstes spanne deinen Bauch an, so dass er sich nach oben hin wölbt. Auch hier wirst du eine wohltuende Wärme verspüren, wenn du die Muskeln wieder loslässt. Dann konzentriere dich auf deine Brustmuskulatur und spanne sie kräftig an. Die Wärme fließt nun von deinem Bauch hinauf in deinen Brustkorb und fast dein ganzer Körper ist nun schon wohlig entspannt und locker.
Nun spanne deine Armmuskulatur an bis zu den Schultern und balle deine Hände zu Fäusten. Halte auch dies eine Weile. Die Wärme strömt bis in deine Fingerspitzen. Als nächstes spanne den Nacken und die Kiefermuskulatur an. Lasse dann die Spannung los und fühle, wie sich all die kleinen Muskeln und Verkrampfungen lösen und wohltuende Wärme sich darin ausbreitet. Als Letztes spanne kräftig dein Gesicht an

und stelle dir vor, wie der letzte Rest aller Verkrampfungen über deine Nasenspitze hinaus abfließt.
Dein ganzer Körper ist nun vollkommen entspannt und locker und von einer angenehmen Wärme durchflutet. Genieße diesen Zustand und beginne dann mit deiner Meditation.

Körperentspannung durch Imagination
Nimm die Stellung im Sitzen oder Liegen ein, die dir am angenehmsten ist. Schließe deine Augen. Nun gehe mit deinem Bewusstsein in deine Zehen. Beginne bei deinem linken Fuß, wenn du Rechtshänder bist, oder bei deinem rechten Fuß, wenn du Linkshänder bist. Stelle dir vor, dass deine Zehen in deinem linken Fuß vollkommen entspannt sind. Konzentriere dich auf deine Zehen und lass sie und alle Muskeln in ihnen los. Wenn du das Gefühl hast, dass deine Zehen gelöst sind, dann wandere mit deinen Gedanken dein linkes Bein hoch und stelle dir vor, dass dein ganzer Fuß, dein Knöchel, deine Wade, dein Knie, der Oberschenkel und deine Hüfte vollkommen gelockert und entspannt sind. Verfahre genauso mit deinem zweiten Bein. Wenn du beide Beine völlig losgelassen und entspannt hast, kann es sogar sein, dass du sie gar nicht mehr richtig spürst – kein Grund zur Panik, das ist völlig normal, sogar erwünscht.
Nun wandere deinen Körper auf gleiche Weise hinauf, entspanne nacheinander deinen Beckenraum, deinen Bauchraum, deinen Brustraum und deinen Nacken sowie deinen Hals. Wenn du deinen Hals gelockert und entspannt hast, beginne mit deinem linken Arm (Linkshänder bitte mit dem rechten) auf gleiche Weise wie zuvor mit deinen Beinen. Lockere und entspanne deine Finger, Hände, Unterarme, Ellbogen, Oberarme und dein Schultergelenk. Genauso verfahre mit dem anderen Arm. Sind die Arme nun locker und entspannt, kann es ebenso wie bei den Beinen vorkommen, dass du sie gar nicht mehr wahrnimmst oder gar nicht mehr spürst. Auch das ist völlig normal und erwünscht.
Zuletzt entspanne deinen Kopf. Nimm dir für deinen Kiefer besonders viel Zeit und Aufmerksamkeit. Der Kiefer ist bei vielen Menschen durch Stress meist sehr verkrampft. Dies äußert sich oft in Zähneknirschen oder Muskelverspannungen während des Schlafes. Auch für die Augenpartie solltest du dir Zeit nehmen und auch deine Augenbrauen loslassen und entspannen.
Nun danke deinem Körper in Gedanken für seine Dienste und erlaube ihm, sich in der Zeit deiner Meditation auszuruhen.
Wenn du das Gefühl hast, dass du nun gelöst und entspannt bist, beginne mit der Meditation. Sollte dich noch etwas stören, dann lenke deine Aufmerksamkeit in diesen Bereich und erlaube deinen Muskeln, sich zu lockern.

Variante mit Licht
Ergänzend hierzu kannst du dir, wenn du völlig entspannt bist, vorstellen, wie weißes Licht durch deinen Scheitelpunkt, dein Kronen-Chakra, in dich hineinfließt und deinen ganzen Körper ausfüllt. Lenke das Licht in die Körperstellen, die dir Probleme bereiten, wie zum Beispiel eine verspannte Schulter, und in andere schmerzende Bereiche. Stelle dir bei jedem Einatmen vor, wie dieses heilende, entspannende und regenerierende Licht in dich und jede deiner Zellen strömt, und bei jedem Ausatmen,

wie alles, was dich blockiert, schmerzt, stört und hinderlich für dich ist, mit dem Atem aus dir hinaus fließt. Konzentriere dich auf deinen Atem und lasse ihn frei fließen.

Diese Übung ist auch nach einem anstrengenden Tag und bei allen körperlichen sowie psychischen Beschwerden sehr gut anzuwenden. Sie hat sich auch bei Schlafstörungen bewährt, denn man kann mit ihr hervorragend abschalten. Oft schläft man schon während der Übung ein. Deshalb rate ich, wenn sie zur Meditationsvorbereitung dienen soll, sie nicht am Abend oder wenn du müde bist, durchzuführen.

Vorbereitung zur Meditation 2: Visualisierungsübungen

Von 10 bis 0 zählen

Lege oder setze dich bequem hin, schließe deine Augen und entspanne deinen ganzen Körper. Beginne dir die Zahl 10 vor deinem inneren Auge vorzustellen. Wenn du sie einige Zeit visualisieren konntest, gehe zur 9 über. Versuche, die Zahlen richtig vor deinem inneren Auge zu sehen. Immer, wenn du es geschafft hast, eine Zahl zu visualisieren, dann gehe zur nächsten, bis du bei der Null angelangt bist. Konzentriere dich zwischendurch immer wieder auf deinen Atem und lass ihn frei und ohne Kontrolle fließen. Bei Null angelangt, solltest du so entspannt sein, dass du mit der Meditation beginnen kannst.

Diese Übung eignet sich übrigens auch hervorragend für Menschen, die Schwierigkeiten mit dem Visualisieren und dem Sehen von inneren Bildern haben. Wenn du keine Zahlen magst, dann kannst du statt dessen auch Buchstaben nehmen. Die Erfahrung hat allerdings gezeigt: Zahlen sind sehr leicht zu visualisieren, da sie schon tief in unserem Gedächtnis verankert sind und wir sie anders als Buchstaben häufig einzeln sehen. Buchstaben sind auch möglich, wenn es nicht mehr als 10 sind. Man sollte sich vorher genau überlegen, wo man im Alphabet beginnt.

Eine Wahrnehmungsübung

Diese Übung sollte im Sitzen durchgeführt werden. Setze dich bequem, aber mit möglichst geradem Rücken hin. Fühle, wie deine Zehen den Boden berühren. Spüre in deine Ballen, deine Fersen und in die Außenkante deiner Füße hinein. Fühle genau, wie deine Füße den Boden berühren. Wie fühlt sich der Untergrund an?

Lenke nun deine Aufmerksamkeit zu den Körpergrenzen, die in Berührung sind mit der Sitzgelegenheit, oder dahin, wo zum Beispiel die Hände aufliegen. Taste diese Regionen deines Körpers innerlich ab und spüre in sie hinein. Nun richte deine Aufmerksamkeit auf all die Körpergrenzen, die nicht mit etwas in Berührung sind. Lasse dir auch hierfür die Zeit, die du benötigst. Zum Schluss fühle noch mal deine Körpergrenzen als Ganzes. Solltest du bei dieser Wahrnehmungsübung Stellen in deinem Körper bemerken, die verspannt sind oder schmerzen, dann richte noch einmal deine Aufmerksamkeit auf sie. Stelle dir vor, wie du weißes, heilendes Licht einatmest, und leite es in diese Region. Bitte dabei das Licht um Heilung und Regeneration und Wiederbelebung. Stelle dir vor, wie das Licht die Schmerzen auflöst und sie aus dem Körper zieht, während neues Licht permanent nachfließt.

Jetzt visualisiere, wie aus deinen Füßen Wurzeln tief in die Erde wachsen. Wie diese Wurzeln aussehen, sei deiner Fantasie überlassen. Ich stelle sie mir gerne aus Licht vor. Lasse die Wurzeln vor deinem inneren Auge bis zum Erdmittelpunkt wachsen und visualisiere, wie du so mit Mutter Erde verbunden bist und von ihr Kraft und Geborgenheit bekommst. Dann visualisiere eine Lichtsäule, die von deinem Steißbein die Wirbelsäule hinaufwächst, über deinen Scheitel hinaus, und dich mit den höheren Lichtebenen verbindet. Visualisiere auch hier, wie du nun mit dem Himmel in Verbindung stehst, von ihm Kraft, Selbstbewusstsein und Energie erhältst. Entspanne dich nun und beginne mit deiner Meditation.
Diese Übung ist auch für sich allein genommen sehr hilfreich nach Anspannungen jeglicher Art. Sie hilft dir auch sehr gut, dir deines Körpers und seiner Grenzen bewusst zu werden. Wenn du dich nicht in deiner Mitte fühlst oder dein Kontakt zu deinem Körper gestört ist, kannst du dich mit dieser kleinen Übung hervorragend zentrieren und erden.

Visualisieren

Viele Menschen sind der Meinung, sie könnten nicht visualisieren. Wir tun es aber täglich, teilweise auch unbewusst. Kinder sind noch Meister im Visualisieren. Jeder von uns hat sich als Kind die tollsten Abenteuergeschichten ausgemalt und sie im Spiel bildlich vor seinem inneren Auge gesehen. Da verwandelte sich zum Beispiel die Badewanne plötzlich in einen Ozean, die Seife wurde zum Wal und die Plastikflasche des Badekonzentrats zum Piratenschiff. Solche oder ähnliche Dinge stellten für uns als Kind überhaupt kein Problem dar. Wir konnten uns leicht alles Mögliche vorstellen.
Als Erwachsener malt man sich ebenso vieles in der Vorstellung aus (leider auch viel Negatives). Tagträume hat sicher ein jeder immer mal wieder. Uns ist die Begabung des Visualisierens nicht verloren gegangen. Wir müssen sie uns nur wieder ins Gedächtnis rufen.
Das Visualisieren ist eine natürliche Fähigkeit unserer Vorstellungskraft. Durch unsere Fantasie können wir Bilder geistig entstehen lassen.
Visualisieren kann man ganz einfach üben. Stell dir zuerst einen gelben Kreis vor. Das dürfte eigentlich keine große Schwierigkeit sein. Stell dir vor, der Kreis ist die Sonne. Dann versuche, ihre Wärme zu fühlen. Was bringst du mit der Sonne alles in Verbindung? Vielleicht taucht eine bunte Blumenwiese vor deinem inneren Auge auf oder ein blauer See mit Segelbooten. Lasse deiner Fantasie freien Lauf. Du wirst sehen, dass du schon mitten drin bist im Visualisieren. Erlaube Veränderung in den Bildern, gestatte es, wenn sie sich wandeln möchten. Zwinge dich zu nichts. Lasse die Bilder kommen und gehen. Wenn du etwas geübter bist, kannst du versuchen, Bilder festzuhalten oder willentlich ein ganz bestimmtes Bild vor deinem geistigen Auge zu erschaffen.
Es mag hilfreich sein, wenn du dir etwas Vertrautes ins Gedächtnis rufst. Das kann zum Beispiel ein Zimmer in deiner Wohnung sein. Schau dich dort um. Erinnere dich, wo welche Möbel stehen und welche Farbe sie haben. Hast du Pflanzen? Wie sehen sie aus?

Wenn das geklappt hat, kannst du dir das Bild eines vertrauten Menschen vor deinem inneren Auge ausmalen. Auch hierbei wirst du sicher bald keine Schwierigkeiten mehr haben.
Durch unsere bewusste Vorstellung von etwas, das wir schon kennen, wird der Zugang zum Unbekannten leichter. Bald ist es uns ein Leichtes, unserer Fantasie freien Lauf zu lassen und uns alles Denkbare vor dem inneren Auge zu erschaffen.

Die Wahrnehmung im Alltag schulen

In unserer reizüberfluteten Welt, vor allem in den Städten, ist unser Geist gezwungen, sehr vieles auszublenden oder nur gefiltert zu uns durch zu lassen. Die Menschen eilen morgens durch das Getümmel zur Arbeit und abends wieder nach Hause. Dabei werden sie von unzähligen Eindrücken bombardiert: die Werbung an Plakattafeln und Litfasssäulen auf dem Weg zur U-Bahn zum Beispiel, die vielen anderen Menschen um einen herum und ihre Gespräche. Manche verschanzen sich demonstrativ hinter einem Buch oder der Tageszeitung, andere sind mit den Gedanken bereits bei der Arbeit oder starren anderswo vor sich hin. Unser Geist schützt sich, indem er sehr vieles einfach herausfiltert oder völlig ausblendet. Kaum einer wird sich noch genau an das Gesicht seines Gegenübers erinnern können, wenn er im Büro angekommen ist. Genauso ist es beim Autofahren. Man fährt eine gewohnte Strecke wie automatisch und ist dabei gedanklich ganz woanders. Es geschieht unbewusst und man weiß bei der Ankunft gar nicht mehr so richtig, wie man an sein Ziel gelangt ist. Es ist, als hätte unser Geist auf Automatik geschaltet. Wir haben die Strecke wie in Trance zurückgelegt.
Unser Geist ist ständig mit Filtern und Ausblenden beschäftigt und wir nehmen nur einen Bruchteil unserer Umgebung wirklich wahr. Dieser Mechanismus schützt uns und ist sehr hilfreich. Nur ist es leider so, dass wir aufgrund der ständigen Reizüberflutung mit der Notwendigkeit des Ausblendens vielfach verlernt haben, genau hinzuschauen, um etwas wirklich zu sehen und zu fühlen. Eine geschulte Wahrnehmung kann uns im Leben und bei vielen spirituellen Methoden wie Meditationen jedoch sehr nützlich sein.
Deshalb schlage ich dir vor, sie zu üben. Wir lassen unseren Geist nach wie vor seine Arbeit beim Ausblenden tun und konzentrieren uns zunächst nur auf unsere nächste Umgebung, indem wir die Menschen, die beispielsweise bei uns im Bus oder der Bahn sind, richtig wahrnehmen. Was für Kleidung tragen sie? Sind sie alt oder jung? Welche Haarfarbe haben sie? Und so weiter. Dabei sollten wir sie ohne Wertung so sehen, wie sie eben sind, und sie nicht in irgendeine Schublade stecken. Es geht nicht darum zu denken: „Aha, das ist bestimmt ein Karrieretyp mit seinem noblen Anzug", oder: „Die Frau dort ist garantiert nur eine einfache Putzfrau, so wie sie aussieht." Es geht einfach nur um das, was wir sehen, ohne Bewertung. (Das ist übrigens schon eine Übung für sich.)
Eine weitere Übung zur Wahrnehmungsschulung ist, ein Objekt einmal genauestens zu betrachten. Nimm dir zum Beispiel eine Blume vor. Betrachte exakt die Form ihrer Blütenblätter, ihres Stiels und der grünen Blätter. Du wirst viele Details an dieser Blume feststellen, die dir niemals zuvor aufgefallen sind: die kleinen Äderchen in

ihren Blüten und Blättern zu Beispiel, die Nuancen ihrer Färbung und vieles mehr. Erfahre diese Blume in ihrem ganzen Sein, mit deinen Augen, deinem Tast- und Geruchssinn!
Auch in Kunstausstellungen kann man seine Wahrnehmung schulen. Betrachte ein Bild, das dir gut gefällt, unter diesem Aspekt, und du wirst vieles an ihm bemerken, was dir sonst verborgen geblieben wäre.
Menschen, die detailgenaue Bilder malen wollen, müssen ebenfalls sehr genau hinsehen. Wenn du künstlerisch veranlagt bist und dir Malen liegt, dann ist das auch eine hervorragende Übung, die eigene Wahrnehmung auszudehnen und etwas sehr detailliert aufs Papier zu bringen.
Ziel dieser Übung ist es, den Fokus deiner Wahrnehmung selbst zu bestimmen. Wir bestimmen die Details, die wir ausblenden, und das, was wir genauestens wahrnehmen möchten. So können wir unsere Umgebung bewusster und wacher wahrnehmen, uns der Schwingungen von Orten, Menschen und Situationen gewahr werden und somit unsere Gefühle und unsere Intuition besser wahrnehmen.

Erdung – Methoden und Übungen

Richtig geerdet zu sein ist nicht nur für unsere spirituelle Arbeit unerlässlich, sondern auch im Alltag eine große Hilfe. Ist man nicht geerdet hat man häufig das Gefühl nicht fest mit beiden Beinen auf dem Boden zu stehen. Manchmal stellt sich sogar ein Schwindelgefühl ein, man ist zu viel im Kopf, flatterhaft, unkonzentriert oder auch einfach nicht in seiner Mitte. Wenn wir nicht geerdet sind, dann kann unsere Energie nicht frei fließen und es ist unmöglich die innere Mitte zu finden, geschweige denn zu halten. Wenn man viel spirituell arbeitet ist man manchmal der irrigen Meinung die oberen Chakren, vor allem das Dritte-Auge-Chakra und das Kronen-Chakra, wären die wichtigsten Chakren und wir legen viel Wert auf deren Entwicklung und die Anbindung nach „oben“. Ohne gute Erdung bringt uns jedoch alle Anbindung nach „oben“ nicht das was wir uns davon versprechen. Die meisten machen dann den Fehler noch mehr die oberen Chakren zu aktivieren. Richtig ist es in diesem Fall *alle* Chakren gleichermaßen zu entwickeln (wie wir das zum Beispiel mit dem Authentischen Reiki tun). Denn nur so kann unsere Energie gebündelt und ungehindert durch uns hindurchfließen und wir werden zum Kanal.

Große Erdungsmeditation

Stehe oder setze dich mit aufgerichteter, gerader Wirbelsäule hin; und stelle beide Füße schulterbreit fest auf den Boden. Fühle in deine Füße hinein. Spüre den Untergrund und wie er sich anfühlt. Konzentriere dich auf deine Zehen, dann gehe weiter zum großen Ballen. Fühle wie der Außenrist den Boden berührt und wandere dann langsam nach hinten zur Ferse. Fühle dann noch mal deine Füße als Ganzes.
Nun stelle dir ein helles leuchtendes Licht vor, das vom höchsten Punkt des Universums durch dein Kronen-Chakra in deinen Kopf strömt, von dort in deinen Hals, die Wirbelsäule entlang in deinen Brustraum. Und von dort weiter nach unten, Wirbel für Wirbel, in deine Lendenwirbelsäule fließt. Visualisiere wie das Licht erst deinen Brustkorb und dann deinen Bauchraum vollständig ausfüllt. Nun stelle dir vor, wie

das Licht durch die Lendenwirbelsäule in dein Becken strömt und den gesamten Beckenraum erfüllt. Nun teilt sich das Licht und wandert durch deine Beine in die Füße. Es fließt aus deinen Füßen hinaus bis zum Mittelpunkt der Erde. Halte eine Zeit lang diese Vorstellung. Dann stelle dir vor, wie das Licht vom Mittelpunkt der Erde zurück durch deine Füße, die Beine hoch bis in dein Becken und weiter die Wirbelsäule entlang durch deinen Bauchraum, durch deinen Brustraum, den Hals in deinen Kopf und weiter durch das Kronen-Chakra hinaus bis zum höchsten Punkt im Universum fließt. Stelle dir nun vor, dass diese Verbindung auch dann aufrechterhalten wird, wenn du dich nicht mehr darauf konzentrierst.
Diese Meditation eignet sich sehr gut zur Erdung. Gleichzeitig öffnet sie uns auch für kosmische Intuitionen. Uns wird bewusst, dass wir Kanal sind. Nur wenn wir auch mit der Erde verbunden sind, kann die Verbindung zum Universum uns das geben was wir uns von ihr versprechen. Energie muss fließen können. Besonders effektiv ist diese Übung, wenn wir sie barfuss im Freien machen.

Kleine Erdungsmeditation
Verfahre zunächst wie bei der großen Erdungsmeditation: Stehe oder sitze mit aufgerichteter, gerader Wirbelsäule und stelle beide Füße fest auf den Boden. Fühle in deine Füße hinein. Spüre auch bei dieser Übung den Untergrund und wie er sich anfühlt. Konzentriere dich auf deine Zehen, dann gehe weiter zum großen Ballen. Fühle wie der Außenrist den Boden berührt und wandere dann langsam nach hinten zur Ferse. Spüre dann noch mal deine Füße als Ganzes. Nun stelle dir vor wie aus deinen Füßen Lichtwurzeln wachsen. Die Wurzeln wachsen immer tiefer in die Erde hinein, bis sie ihr Zentrum erreicht haben. Von dort beziehen sie Energie, geben Halt und Sicherheit.

Weitere Methoden zur Erdung:
Ernährung: Auch die Ernährung kann einen Beitrag zu guter Erdung leisten. Von Vorteil sind alle Wurzelgemüse; dabei ganz besonders die Kartoffel. Karotten, Lauch, Zwiebeln und auch alle anderen Gemüsesorten die unter der Erde oder ganz dicht darüber wachsen helfen uns zu erden.
Nachteilig auf unsere Erdung wirken sich Genussgifte wie Alkohol, Nikotin, Kaffee und Süßigkeiten aus.
Körperübungen: Um schnell etwas bei akutem Ungeerdetsein zu tun empfehle ich, den ganzen Körper abzuklopfen, so als würde man Schmutz von der Kleidung klopfen. Dabei sollte man dies so fest machen dass es gerade nicht unangenehm ist.
Eine weitere Methode ist sich zu recken und zu strecken wie eine Katze. Die Arme in die Luft und dann nach unten bücken und erst die Füße und dann den Boden berühren. Dies ein paar Male machen und evtl. mit der Klopfübung verbinden.
Im Sommer barfuss über eine Wiese gehen oder sich auf eine Wiese setzen oder legen und ganz bewusst die Erde zu fühlen ist auch wunderbar.
Töpfern oder Modellieren mit Ton eignet sich auch hervorragend zur Erdung, ebenso Gartenarbeit.

Meditationsvorschläge

Der innere sichere Ort

Viele meiner inneren Reisen lasse ich an dem Ort beginnen, den ich den „inneren sicheren Ort“ nenne. Du kannst selbstverständlich deine Meditationen auch sofort anfangen; das ist jedem nach Belieben überlassen. Ich möchte diese Meditation jedoch vorschlagen, da es auch einfach schön ist, sich „nur mal so“ im Inneren an einen Ort zu begeben, der Sicherheit, Geborgenheit und Wohlbehagen vermittelt. Diesen Ort kann man dann jederzeit wieder aufsuchen, wenn man traurig ist oder Ruhe sucht.

Wenn du ruhig und entspannt bist, stelle dir einen Ort vor, der dir gefällt; eine Blumenwiese, eine Waldlichtung, eine tropische Insel, einen Strand oder was immer du möchtest. Male den Ort in deiner Fantasie aus. Gestalte ihn ganz nach deinem Belieben. Was du auch für eine Umgebung wählst – stelle dir alles, was du um dich herum haben möchtest, vor. Prüfe dann, ob dir die Temperatur behagt. Sind die Geräusche, die du hörst, angenehm, sind die Gerüche in Ordnung? Kann dein Körper sich frei bewegen und jede Stellung einnehmen? Prüfe mit all deinen inneren Sinnen, ob das, was du dir erschaffen hast, geeignet ist für dich. Sollte dich noch etwas stören, so kannst du es jederzeit ändern.

Visualisiere dir nun eine Begrenzung für deinen eigenen inneren sicheren Ort, die so beschaffen ist, dass du dich vollkommen sicher fühlst und nur die Lebewesen hereinkommen können, die du an diesem Ort haben möchtest.

Hast du dir deinen inneren Ort erschaffen, kannst du entweder von hier aus die Meditation zu deinem Höheren Selbst beginnen oder darum bitten, dass dir hilfreiche Wesen, Tiere, Engel begegnen mögen, die dir ebenfalls weiterhelfen. Selbstverständlich kannst du auch einfach nur Ruhe und Entspannung an deinem ureigensten Ort finden. Es gibt keine Begrenzungen, was du hier tun kannst.

Der Weg zu deinem Höheren Selbst

Beginne diese Meditation entweder von deinem inneren sicheren Ort aus oder auch gleich nach der Entspannungsübung.

Stelle dir vor, du gehst über eine grüne Wiese an einem Bach entlang. Du folgst dem Bach, der sich durch die Wiese schlängelt, und du gerätst an den Fuß eines Berges. Du findest einen Weg, der den Berg hinauf führt. Du folgst diesem Weg und steigst beständig bergauf. Dein Pfad führt dich durch einen dunkelgrünen Bergwald, Sonnenstrahlen zaubern helle Flecken auf den Boden vor dir. Ab und zu triffst du wieder auf den Bach, der deinen Weg begleitet. Er plätschert über Felsen hinab, Vögel singen. Gehe weiter und schon bald macht der Wald kleineren Sträuchern und Büschen Platz. Dein Weg führt dich immer noch nach oben. In Serpentinen steigst du stetig bergauf und atmest die kühle, erfrischende Luft. Langsam aber sicher werden nun auch die Büsche und Sträucher weniger. Du triffst auf immer mehr Felsen. Die Sonne scheint und der Bach, der deinen Weg immer wieder gekreuzt hat, ist inzwischen sehr schmal geworden. Stetig gehst du weiter und dein inzwischen sehr schmal gewordener Pfad führt dich über eine wunderschöne Almwiese. Sie ist blau von Enzian und weiß, gelb und rosa gesprenkelt von allerlei anderen Alpenblumen. Du gehst über die Wiese, das

Bächlein an deiner Seite, und bemerkst in der Ferne eine Hütte aus Holz mit Steinen auf dem Dach. Du gehst auf die Hütte zu, der Bach begleitet dich, denn direkt neben der Hütte ist der Ort, dem er entspringt, seine Quelle.
Die Hütte wird langsam größer und nimmt Gestalt an. Du erkennst immer mehr Einzelheiten. Wie sehen die Fenster der Hütte aus? Wie ist die Farbe ihres Holzes? Was gibt es um die Hütte herum zu sehen? Nimm alles einfach wahr, ohne es zu bewerten. Mache deinen Geist frei und lasse erscheinen, was kommt, ohne etwas Bestimmtes zu wollen. Nähere dich der Hütte und sei einfach da. Vielleicht gibt es eine Bank oder eine sonstige Sitzgelegenheit. Setze dich oder sieh dir die Hütte an. Vielleicht magst du um sie herumgehen. Tu, was dir beliebt. Sei wach, ob dir jemand bei der Hütte begegnet. Dein Höheres Selbst kann sich dir in vielfältiger Gestalt zeigen. Vielleicht ist es eine Frau, alt oder jung, ein Mann oder vielleicht auch ein Tier, eine Lichtgestalt oder was auch immer. Du solltest auf keinen Fall versuchen, dir etwas auszumalen. Lasse deine Eindrücke kommen und gehen.
Du kannst dich auch bemerkbar machen und deinem Höheren Selbst zurufen, dass du hier bist. Sei nicht traurig, wenn das nicht auf Anhieb klappt. Ich habe diese Meditation viele Male geübt. Die Hütte konnte ich zwar nach etwas Übung ganz gut sehen und den Weg dahin auch, aber keine Spur von meinem Höheren Selbst. Irgendwann gab ich es auf und dachte, dass das nicht funktioniert. Ein paar Jahre später versuchte ich es noch einmal, ohne großes Wollen und eigentlich ohne Hoffnung, und siehe da, es klappte auf Anhieb. Ich war völlig überrascht.
Viele Menschen haben Schwierigkeiten mit dem Sehen von inneren Bildern. Sei nicht traurig, wenn das bei dir auch so ist. Das kann man zum einen mit Visualisierungsübungen trainieren und zum anderen ist das Sehen nicht so wesentlich. Die meisten Menschen fühlen einfach, dass da jemand ist, und erspüren auch die Gestalt dieses Wesens. Wir sind visuell geprägte Lebewesen und meinen, wir müssten alles sehen, um daran glauben zu können. Lasse dich davon nicht beirren. Innere Erlebnisse ohne Bilder sind genauso wertvoll wie welche mit Bildern. Oft kommen diese erst nach einiger Zeit der Übung, manchmal auch nicht. Aber selbst dann hast du durch das Praktizieren gemerkt, dass du wundervolle Erlebnisse auch auf andere Art und Weise erfahren kannst. Im Laufe der Zeit stellt sich auch das Vertrauen zu den inneren Erlebnissen ein.
Wenn du nun dein Höheres Selbst erkannt hast, dann begrüße es so höflich, wie du einen realen Menschen begrüßen würdest. Du kannst es alles fragen, was dich beschäftigt. Zum Beispiel, ob es sich bei dem Menschen tatsächlich um deine Dualseele handelt, was du tun kannst, um den Kontakt zu ihr zu verbessern, oder wie du mit deinen Gefühlen umgehen solltest. Du kannst aber auch alles Andere fragen, das dich beschäftigt. Es gibt nichts, was du nicht fragen könntest. Die Antwort wird, wenn du deinen Geist frei gemacht hast, von ganz allein in deinem Kopf entstehen. Mal kommen Gedanken, die nicht von einem selbst sind, mal Bilder, mal Gefühle. Das Gespräch mit dem Höheren Selbst geschieht wie eine Unterhaltung im Traum. Man sagt etwas und die Traumfigur antwortet, ohne dass man sich eine mögliche Antwort schon vorher überlegt hat. Es ist enorm wichtig, dies zu beachten, wenn wir nicht unserem Ego und unseren Wunschvorstellungen aufsitzen wollen.

Mein Höheres Selbst hat mir sehr viel bildlich erklärt, aber auch mit ganz normalen Worten. Einmal zeigte es mir zwei Mandalas. Beide waren wunderschön, hatten leuchtende Farben und sehr interessante komplexe Muster. Sie unterschieden sich zwar, waren sich aber doch auch auf gewisse Weise sehr ähnlich. Sie strahlten die selbe Energie aus. Sie sagte dann, dass das mit den Dualseelen ungefähr so zu verstehen wäre, und brachte beide Mandalas zusammen. Sie vermischten sich sofort zu einem viel größeren Mandala, mit neuen Farben und Mustern, die noch strahlender und prächtiger waren als in den einzelnen Mandalas. Da die Seele auch im Traum durch Bilder mit uns spricht, ist es nicht verwunderlich, wenn das Höhere Selbst das ebenfalls tut. Das Höhere Selbst kann man aber auch fragen, wenn man etwas nicht verstanden hat. Es genügt die Bitte, es anders, einfacher zu erklären.
Mein Rat an dich, liebe Leserin, lieber Leser: Lass dir Zeit, viel Zeit mit dieser Meditation. Versuche nichts zu überstürzen. Ich weiß, wie ungeduldig man ist, wenn einem die Fragen auf der Zunge und im Herzen brennen. Deshalb ist es von Vorteil, diese Meditation in ruhigen Zeiten zu trainieren. Wenn du eine wirkliche Antwort auf all deine Fragen suchst, dann kannst du diese nur in deinem Inneren bekommen, und du solltest daher sichergehen, es wirklich mit deinem Höheren Selbst zu tun zu haben und nicht mit deinen Wunschvorstellungen oder deinem Ego. Also übe und sei geduldig mit dir. Lass dich nicht entmutigen, falls es nicht gleich funktioniert. Übung macht die Meisterin, den Meister.
Ergänzend möchte ich noch hinzufügen, dass die Gestalt, in der das Höhere Selbst dir erscheint, natürlich nicht sein wirkliches Aussehen ist. Je nachdem, welche Prägung und Vorlieben man hat, wird es uns in derjenigen Gestalt erscheinen, zu der wir am meisten Bezug und Vertrauen haben. Das ist individuell recht unterschiedlich. Dem einen mag das Höhere Selbst als heiliger, weiser Mensch erscheinen, dem anderen als Engel oder Lichtgestalt. Es gibt aber auch hierbei nichts, was unmöglich wäre. Manchmal nimmt das Höhere Selbst auch die Gestalt eines Tieres an oder äußert sich in einer abstrakten Form, zum Beispiel als Symbol, oder es ist vielleicht eine strahlende Lichtkugel oder dergleichen. Es kann je nach unserem Lebensabschnitt schon mal seine gewohnte Darstellung ändern. Das hängt von dir und deiner inneren Bereitschaft ab. Unser Höheres Selbst wird immer die Gestalt annehmen, die unserem derzeitigen Entwicklungsstand und unseren Vorlieben entspricht. Dies soll alles ohne Wertung gesehen werden. Es ist nicht besser und nicht schlechter, wenn unser Höheres Selbst zum Beispiel in der Gestalt eines Tieres auftaucht oder uns als strahlender Engel erscheint. Es bedeutet nicht, dass wir einen niederen Entwicklungsstand haben, wenn unser Höheres Selbst kein Engel ist, sondern ein vielleicht in manchen Augen niederes Geschöpf wie ein Tier. Das ist unsere vorgefertigte Meinung und Vorurteil und entspringt unserem Ego. Mit der Zeit entwickelt sich ein Gespür für das Höhere Selbst und die Verbindung zu ihm wird spürbar, unabhängig von der Form, die es angenommen hat.

Der Korridor – ein Weg zu deiner Dualseele

Stell dir vor, wie du einen langen Korridor entlang gehst. Der Korridor ist in ein Licht aus warmem Rot getaucht. Nach einiger Zeit wechselt er seine Farbe zu einem leuchtenden Orange. Gehe ihn in deinem eigenen Tempo entlang. Die Farbe wechselt nun von Orange in ein sattes Gelb, dann in ein strahlendes Grün. Über Grün wird er blau, dann violett. Gehe weiter in dem violetten Korridor und du wirst an seinem Ende auf eine Tür stoßen. Die Tür leuchtet in einem brillanten Weiß. Gehe durch diese Tür. Du kommst in einen großen Raum, der ebenso wie die Tür vom herrlichsten weißen Licht, das du je gesehen hast, durchflutet wird. Tritt in diesen Raum ein, halte einen Moment inne und gewöhne dich in deinem Tempo an die Umgebung. Jetzt kannst du deine Dualseele rufen. Lade sie in Gedanken oder auch durch ausgesprochene Worte ein, dich hier zu treffen. Nun sei einfach nur da. Versuche, deine Erwartungen loszulassen.

Diese Übung klappt meistens nicht gleich auf Anhieb. Lass dir Zeit, überstürze nichts und vor allem versuche nichts zu beabsichtigen. Das ist wohl der schwierigste Teil der ganzen Übung – nichts zu wollen. Das ist leichter gesagt als getan, wenn man vor Sehnsucht nach seiner Dualseele zu zerspringen droht. Deshalb rate ich dir, in Zeiten zu üben, in denen du nicht das brennende Verlangen nach deiner Dualseele verspürst. Am besten gelingt es mit der Einstellung, dass es einem nicht so wichtig, fast sogar egal ist, ob etwas passiert oder nicht. Wenn es dir gelingt, diese Übung gelassen zu sehen, ist das die beste Voraussetzung für ihr Gelingen.

Wenn deine Dualseele tatsächlich auftaucht, kannst du ihr alles sagen, was dich bewegt. Teile ihr deine Gefühle, Gedanken, Wünsche und Träume mit.

Diese Meditation eignet sich ganz besonders, um auf feinstofflicher Ebene Kontakt mit deiner Dualseele aufzunehmen, wenn das real nicht möglich ist. Sie ist auch hervorragend geeignet für Klärungen auf der feinstofflichen Ebene nach Streitereien oder anderen Missverständnissen. Du kannst deiner Dualseele verzeihen oder selbst um Verzeihung bitten. Du kannst dich sozusagen mit ihr aussprechen. Klar geschieht es „nur" auf feinstofflicher Ebene, aber du wirst vielleicht nach einiger Zeit feststellen, dass sich auch real einiges verändert. Nur kann das etwas dauern, bis das in den trägen Bereich der Materie gelangt ist. Sei auch hier nicht ungeduldig. Es wird sich etwas tun, das ist sicher. Lass Dich nicht von Rückschlägen entmutigen. Diese gibt es immer wieder. Bei mir war es schon so, dass ich mich gefragt habe, ob das mit dem Meditieren überhaupt etwas bringt. Denn während der Meditation hatte ich wirklich das Gefühl, dass es funktioniert. In der Realität dann war alles ganz anders. Ich fragte mich, ob ich mir das alles nur eingebildet habe. Sicher ist es immer gut zu überprüfen, ob nicht doch nur viel Wunschdenken vorhanden war. Aber auch Vertrauen ist sehr wichtig. Die Früchte seiner Arbeit sieht man meist erst im Nachhinein.

Diese Übung eignet sich nicht nur, um Probleme mit seiner Dualseele zu klären, sondern auch mit anderen Menschen, seien es Eltern, Kinder, Freunde oder Arbeitskollegen. Die sieben Farben des Tunnels stellen die Farben deiner sieben Haupt-Chakren dar. Du solltest deshalb genau auf die richtige Reihenfolge achten.

Am Ende dieser Übung verabschiede dich bei deiner Dualseele (oder wen immer du getroffen hast) und danke ihr für ihr Erscheinen.

Chakren mit denen der Dualseele verbinden

Um die nachfolgende Übung besser verstehen und nachvollziehen zu können erkläre ich hier kurz die Haupt-Chakren des Menschen.

Der Mensch besitzt sieben Haupt-Energiezentren (Chakren), die entlang der Wirbelsäule angeordnet sind. Das Wort Chakra kommt aus dem Sanskrit und bedeutet „drehendes Rad". Chakren sind Energiewirbel, die universale kosmische Energie aufnehmen und transformieren, um sie dann über das Meridiansystem dem Körper zu zuführen. Jedes Chakra hat eine spezielle Eigenschwingung.

Das erste Chakra ist das Wurzel-Chakra und wird auch Basiszentrum genannt. Es sitzt am unteren Ende der Wirbelsäule im Bereich des Kreuz- und Steißbeins. Seine Farbe ist ein kräftiges etisches Zentrum der Sexualität, Kreativität und Lebensfreude.Rot. Seine Themen sind: Erdung, Urvertrauen, Vertrauen in das Leben.

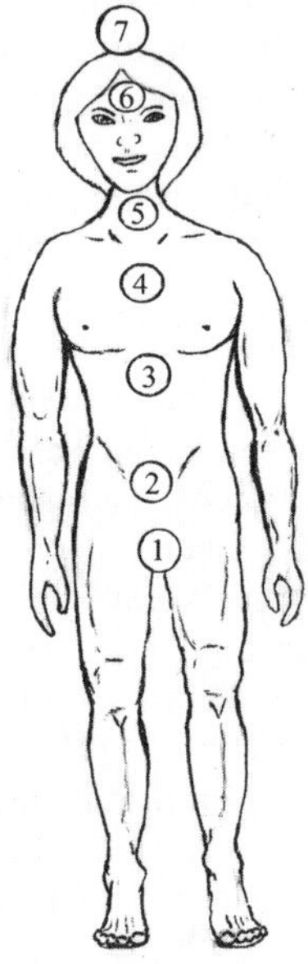

Das zweite Chakra ist das Sakral-Chakra, auch Sexual-Chakra genannt. Sein Sitz liegt knapp unter dem Bauchnabel. Seine Farbe ist ein leuchtendes Orange. Es ist unser energ

Das dritte Chakra, das Solar-Plexus-Chakra ist das energetische Zentrum unserer Willenskraft und des Selbstwerts. Es ist von einem strahlenden Gelb und liegt im Bereich des Sonnengeflechtes zwischen dem Nabel und dem Ende des Brustbeins.

Das vierte Chakra ist das Herz-Chakra. Seine Farbe ist ein helles Grün. Es ist das Zentrum unserer emotionaler Energie, universaler Liebe und Mitgefühl. Es befindet sich in der Mitte unseres Brustbeins auf Höhe unseres physischen Herzens.

Das fünfte Chakra, das Kehl-Chakra liegt in etwa auf Höhe unseres Kehlkopfes. Seine Farbe ist ein leuchtendes Blau. Es ist unser energetisches Zentrum für Kommunikation und Sprache.

Das sechste Chakra wird Drittes-Auge-Chakra oder Stirn-Chakra genannt. Es befindet sich in der Mitte unserer Stirn. Seine Farbe ist ein strahlendes Violett. Das Stirn-Chakra ist unser energetisches Zentrum für Intuition und Bewusstsein.

Das siebte Chakra ist das Kronen-Chakra oder Scheitel-Chakra. Es befindet sich am höchsten Punkt unseres Kopfes in der Schädelmitte. Seine Farbe ist Weiß oder Gold. Das Kronen-Chakra ist das Zentrum des kosmischen Bewusstseins und unserer Göttlichkeit.

Nachdem du dich entspannt hast, begib dich in einen meditativen Zustand und achte auf deinen Atem. Wenn du das eine Weile lang getan hast, konzentriere dich auf deine Chakren. Du beginnst mit dem ersten Chakra, dem Wurzel-Chakra, und visualisierst es in einem strahlenden, feurigen Rot. Fühle in dieses Chakra hinein und spüre oder sehe vor deinem inneren Auge seine kräftige rote Farbe. Auf gleiche Weise verfährst du nun mit den anderen Chakren: Das zweite Chakra wird auch Sakral-Chakra genannt. Es hat ein kräftiges Orange. Das 3. Chakra, das Solarplexus-Chakra, ist gelb. Das vierte Chakra oder Herz-Chakra/Herzzentrum ist grün. Das fünfte Chakra oder Kehlkopf-Chakra ist blau. Die Farbe des sechsten Chakra, des Dritte-Auge-Chakra, ist Violett und das siebte Chakra, das Kronen-Chakra ist weiß.

Wenn du deine Chakren auf diese Weise durchgegangen bist, dann stelle dir vor, deine Dualseele säße dir gegenüber. Visualisiere auch bei ihr die jeweiligen Chakren in der vorherigen Reihenfolge, also von unten nach oben. Danach visualisiere, wie aus deinem Wurzel-Chakra das feurig rote Licht ausströmt zu dem Wurzel-Chakra deiner Dualseele hin und sich mit diesem verbindet. Mache das mit allen euren gemeinsamen Chakren. Wenn du am Kronen-Chakra angekommen bist, fühle in diese Verbindung hinein. Wie fühlt sie sich an? Welche Gedanken oder inneren Bilder hast du? Oder fühlst du dich einfach nur wohl und geborgen? Alles, was du fühlst, ist in diesem Moment richtig. Nun kannst du deiner Dualseele dafür danken, dass sie dir ein Spiegel ist, oder ihr etwas mitteilen; tu das, was du in diesem Moment möchtest. Wenn du Schwierigkeiten mit deiner Dualseele hast, dann ist das ein ausgezeichneter Augenblick, dich bei ihr für etwas zu entschuldigen oder ihr deine Gefühle in dieser Situation mitzuteilen.

Sehr schön finde ich es, ihr in so einem Moment Liebe zu schicken. Du brauchst dich dazu einfach nur auf dein Herzzentrum, dein Herz-Chakra, zu konzentrieren und dir vorzustellen, wie all deine Liebe für deine Dualseele aus ihm hinaus und zu ihr hin fließt. Bitte darum, dass nur der Teil deiner Liebe zu ihr gelangt, der deine bedingungslose Liebe ist, deine Liebe ohne Forderungen, ohne Anspruch und ohne Erwartungen. Damit schickst du ihr deine absolut reine Liebe.

Viele von uns haben es leider so gelernt, dass wir nur dann liebenswürdig sind, wenn wir gewisse Erwartungen, zum Beispiel unserer Eltern oder anderer Menschen, erfüllen. Das übernehmen wir leicht und geben es weiter. Mit dieser Meditationsübung kannst du hervorragend deine bedingungslose Liebe fördern und integrieren. Sicher gibt es auch hier immer wieder Rückschläge, aber man bemerkt meist viel schneller, wo der Haken ist, wo die Liebe zurückgehalten wird, wenn der andere sich nicht nach den eigenen Wünschen verhält. Oder wo man versucht, die Liebe zu manipulieren.

Selbstverständlich eignet sich diese Übung nicht nur für die Dualseele, sondern auch für alle, mit denen wir eine karmische Verbindung haben. Wichtig ist zum Abschluss dieser Übung, die feinstofflichen Verbindungen aufzulösen. Dazu gehe in der umgekehrten Reihenfolge (also beim Kronen-Chakra anfangen) vor und visualisiere, dass sich eure feinstofflichen Energien voneinander lösen und wieder in das jeweilige Chakra aufgenommen werden.

Für diese Übung ist es völlig ausreichend, wenn du die Lage und die Farbe der einzelnen Chakren kennst. Es ist aber sicherlich von Vorteil für deine spirituelle Entwicklung, dich ausführlicher mit dem Thema Chakren zu befassen. Im Literaturverzeichnis findest du Bücher, die dir dabei weiterhelfen können.

Der Tunnel

Diese Übung ähnelt dem Korridor, ist aber direkter. Lege oder setze dich nach der Entspannungsmethode bequem hin. Visualisiere deine Aura als ein dich umgebendes Energiefeld um deinen ganzen Körper herum. Stelle sie dir mindestens so groß vor wie der Raum, der durch deine ausgestreckten Arme, Hände und Finger entsteht. Nun visualisierst du, dass deine Aura mit einem Tunnel aus Licht verbunden ist. Deine Aura geht quasi in diesen Tunnel über. Der Tunnel besteht aus weißem, strahlendem Licht. Am anderen Ende des Tunnels ist deine Dualseele, die ebenso mit ihrer Aura mit diesem Tunnel verbunden ist. Nun visualisiere, wie sich der Tunnel zusammenzieht und ihr euch gegenüber steht oder sitzt.
Auch bei dieser Übung kannst du deiner Dualseele alles mitteilen, was du möchtest, oder einfach ihre Nähe genießen und ihr deine Liebe schicken. Sie eignet sich sehr gut in Kombination mit der Chakren verbindenden Übung.
Wie bei allen anderen Übungen ist es auch bei dieser sehr wichtig, zum Schluss alle Verbindungen zur Dualseele zu lösen und sich in Liebe bis zum nächsten Mal von ihr zu verabschieden.

Loslassen

Das Loslassen ist für die meisten Menschen nicht einfach. Oft müssen wir etwas Gewohntes oder Liebgewordenes freigeben, bevor etwas Neues in unser Leben treten kann. Für viele ist das erst mal sehr beängstigend. Denn wer lässt schon gerne einen geliebten Menschen gehen – neigen wir doch alle sehr dazu, festhalten zu wollen, was wir lieben, schätzen und gewohnt sind.
Im Hinblick auf die Dualseele ist das Loslassen ein großer Akt der Liebe und des Vertrauens. Vertrauen in das Dualseelen-Sein mit dem Wissen, dass uns nichts wirklich trennen kann. Selbst wenn wir sie in diesem Leben nicht mehr wiedersehen – wir sind untrennbar mit unserer Dualseele verbunden.
Oft heißt es erst Abschiednehmen, um sich wieder neu begegnen zu können. Klammern und Festhaltenwollen bringt nur noch mehr Kummer und Stagnation. Vertraue dir und deiner Lebensaufgabe und entwickle den Mut, nichts festzuhalten, sondern in vollstem Vertrauen loszulassen.
Als erstes übe das Loslassen allgemein. Stelle dir vor, du gehst in einem Fluss oder See baden. Du legst dich auf den Rücken und lässt dich ohne dich zu bewegen einfach auf dem Wasser treiben. Sollten Wellen oder ein Strudel kommen, dann bleibe einfach locker und ruhig liegen. Es wird dir nichts geschehen. Lasse in Gedanken alles los, was dich beschäftigt oder belastet. Gib dich in vollem Vertrauen in dich und die

Schöpfung dem Fluss hin. Einfach nur von der Oberfläche des Wassers getragen zu werden und alles loszulassen, ist ein sehr schönes Gefühl.
Als Zweites kannst du dann die Übung mit deiner Dualseele versuchen. Stelle dir gedanklich vor, mit ihr an einem Fluss baden zu gehen. Ihr liegt Hand in Hand im Wasser und lasst euch so vom Fluss treiben. Dann kommt eine Gabelung des Flusses und du musst sie loslassen. Denn sie treibt auf die eine Flusslaufhälfte zu und dich treibt es zur anderen.
Versuche es, vielleicht kannst du dich von ihr lösen. Erzwinge es nicht, mache es, wenn du ein gutes Gefühl dabei hast. Auch wenn es nicht gleich klappt, kann es etwas später gelingen.
Du wirst im Laufe dieser Übung feststellen, wie es dir immer leichter fällt. Auch wirst du mehr Vertrauen dahingehend entwickeln, dass dir nichts geschehen kann, wenn du loslässt. Im Gegenteil, du wirst bald eine große Freiheit verspüren. Je mehr du loslassen kannst und dein Leben im Fluss ist, desto leichter werden sich die Dinge ergeben. Beim Klammern an etwas oder jemanden gibt es bald keine persönliche Entwicklung mehr.
Nachdem du sicher bist, ohne Angst loslassen zu können, kannst du die Übung mit deiner Dualseele ausdehnen. Stelle dir wie oben beschrieben vor, dass ihr euch loslasst und euch noch einmal tief in die Augen blickt mit dem Wissen, euch kann nichts wirklich trennen, bevor jeder von euch in seinen Flussarm alleine hineintreibt. Du treibst in deinem Fluss und schon nach einer Weile treffen sich die beiden Flussläufe wieder und du und deine Dualseele treiben wieder ein Stück gemeinsam – Hand in Hand, bis der Fluss sich abermals teilt und ihr euch loslassen müsst. Diese Übung kannst du unendlich fortsetzen: loslassen, wiederfinden, loslassen, wiederfinden, solange es dir hilft. Beende die Übung, indem du deine Dualseele loslässt, wieder in dem tiefen Vertrauen auf ein Wiedersehen. Beim nächsten Meditieren beginne damit, dass du erst alleine auf dem Fluss treibst und euch schon bald eine neue Flusskreuzung wieder zusammenbringt.
Wenn du einige Zeit geübt hast, wirst du besser mit dem Loslassen zurechtkommen und deine Angst davor wird einem tiefen Vertrauen gewichen sein.

Die Befreiung des Egos

Das Ego bzw. unser Ich stellt unser Wollen und unseren Willen dar, der uns als Motor durch unser Handeln im Leben voranschreiten lässt. Mit dem Ego sind unsere Wünsche verbunden, die es verwirklichen möchte. Dabei ist das Ego in sich selbst gefangen. Denn es sieht sich nur dann bestätigt, wenn es sein Wollen und seine Wünsche verwirklichen kann. Diese Tatsache macht es und damit uns unfrei, lässt uns zum Sklaven unseres Willens werden und wir glauben, ohne die Erfüllung unserer Wünsche nicht glücklich zu sein. Das ist aber ein Trugschluss. Denn wenn ein Wunsch erfüllt ist, erscheint der nächste, der nach Erfüllung strebt. Ist auch dieser erfüllt, kommt abermals ein neuer auf, usw. Nicht die Erfüllung unserer Wünsche ist es, die uns wahrhaft glücklich macht; das Ruhen im eigenen Sein ist der Schlüssel zu unserem Glück.

Es geht nicht darum, unser Ego zu besiegen oder zu unterdrücken, sondern darum, es zu befreien. Ein befreites Ego kann zu einem unglaublich nützlichen Werkzeug werden. Seine Befreiung bringt uns zu uns selbst und lässt uns das Zentrum des eigenen Seins fühlen. Es gibt nichts, was die Stille beeinflussen, was sie stören oder gar vernichten könnte. Versuche, dir dessen immer bewusst zu sein. Werde zum Beobachter deiner Gedanken und Gefühle. Das fühlt sich sehr gut an, weil du dich nicht mehr mit ihnen identifizierst, sondern sie dir einfach ansiehst und ihre Existenz akzeptierst und dir gleichzeitig bewusst bist, dass sie nur Illusion sind. Weise sie weder zurück noch schenke ihnen Glauben. Stehe sozusagen in der Mitte zwischen beiden Extremen. Das bedeutet nicht, dass du gefühl- und gedankenlos wirst. Es bedeutet auch nicht, dass du verdrängst. Nein, es wird so alles noch viel intensiver als vorher, nur mit dem Unterschied, dass du innerlich frei bist. Sei offen für alles, was geschehen mag. Es wird das geschehen, was geschehen soll. Lasse alles geschehen. Sei bereit, alles loszulassen, alle Wünsche, alle Visionen, alle Sehnsüchte und auch alle Ängste und sonstige Schein-Sicherheiten gehen zu lassen. Gebe dich DEM bedingungslos hin.
Dein eigenes Leben wird zu einem Film, den du dir ansiehst. Und du wirst zum Kanal für das Unbeschreibliche. So kann das reine Selbst ungehindert durch dein Ego fließen. So machen es die Zen-Mönche. Die innere Einstellung ist wichtig, der innere Fokus auf die Leere, darauf, dass alles nichts ist und nichts alles. Diese Einstellung bewirkt, dass wir alles aufgeben, was uns wichtig zu sein scheint, und dass wir uns DEM völlig hingeben, so wie es ein Meister tut. Es ist ein Trugschluss, zu meinen, wir seien das Ego, abgeschnitten, getrennt von allem. Denn das würde bedeuten, dass es sich für etwas Besseres hält, etwas, das getrennt von Gott ist. Das Ego möchte immer eine Sonderstellung haben. Es möchte DAS Ego sein. Ich möchte jedoch das Ego nicht abwerten. Im Gegenteil! Wenn es frei ist von Illusion, wenn es rein ist, dann wird es zu einem Kanal des Göttlichen. Es wird zu einem Werkzeug der Wahrheit.
Versuche, dich und deine Gefühle zu verstehen. Dieses Hin und her, die Sehnsucht, die sanfte Erinnerung an vergangene Tage und Zeiten. Und dann ist da noch das Hoffen auf Besserung, auf Erfüllung der Wünsche. Aber dies alles bist nicht du. Egal, was deine Dualseele für dich ist, es spielt keine Rolle. Beobachte die Sehnsucht, beobachte den Schmerz, beobachte deine Gedanken, beobachte deine Wut und beobachte deine Verwirrtheit, dein Suchen im Äußeren, deine Müdigkeit, deine Traurigkeit. Dies alles hat Berechtigung. Es darf sein. Aber identifiziere dich nicht damit. Beobachte. Und beobachte auch, dass du manchmal nicht beobachtest! Alles darf sein. Es darf auch sein, was nicht sein darf. Und es darf auch die Unfähigkeit sein, welche es nicht zulässt, dass man auch das sein lässt, was nicht sein darf. Bleibe immer in diesem Fokus und du wirst frei sein und voller Frieden, denn dann bist du nicht mehr abhängig von äußeren Umständen. Es ist dann nicht mehr wichtig, wie und wo du lebst und mit wem du lebst oder ob du allein bist.
Ich sage nicht, dass nichts mehr geschieht. Es geschieht eh das, was geschieht. Und du wirst sowieso dort leben, wo du leben sollst und mit wem. Aber gib die Kontrolle auf.

Probiere es aus, wenn es dich interessiert. Es ist recht interessant, damit zu experimentieren. Dieser Fokus ist das Tor zur Wahrheit und die Wahrheit ist die Leere, welche alles enthält. Nichts ist alles und alles ist nichts.
Du warst niemals getrennt. Du bist das Zentrum deines Seins, der Spiegel aller Sterne im unendlichen Raum.
Die Leere zu finden und in ihr aufzugehen ist das Ziel buddhistischer Meditation. Die Weisen der hinduistischen Upanishaden strebten danach, die persönliche Seele mit der Weltseele zu vereinen. Die Buddhisten suchen das Absolute. Sie interessieren sich nicht für die Phänomene, die jenseits des Individuums liegen, im Aufgehen der Seele in einem Weltgeist, sondern sehen die absolute Lösung im Erlangen des Nirwana, einem inneren Zustand des höchsten Nicht-Selbst. Auf der letzten Stufe dieser Meditationsform weilt das Bewusstsein jenseits von allem in der Sphäre des Nichts. Jenseits des Nichts gibt es den Zustand des „Weder Wahrnehmens noch Nicht-Wahrnehmens".
Die Buddhisten versuchen diesen Zustand durch völlige Gedanken- und Gefühlsleere zu erreichen. Dabei versucht man, seinen Geist völlig zu leeren. Gedanken, die aufkommen, werden lediglich beobachtet, ebenso Gefühle. Sie werden ziehen gelassen wie Wolken am Himmel. Die absolute Gedankenleere zu erreichen und somit in den Zustand des Absoluten zu gelangen, erfordert jahrelange Übung. Sie ist meines Erachtens ziemlich schwer zu erreichen und so schlage ich deshalb den Eintritt in eine entsprechende Meditationsgruppe vor.

Weitere spirituelle Methoden

Das Authentische Reiki

Das Authentische Reiki ist eine Technik, die uns in die Lage versetzt, mit universaler Lichtenergie zu arbeiten. Unsere ganze Welt und auch das gesamte Universum sind von universaler Lichtenergie erfüllt. In Indien wird diese Energie „Prana" genannt, in China wird sie als „Chi" bezeichnet. Durch Reiki bekommen wir einen verstärkten Zugang zu dieser Energie.
Reiki wirkt immer ursächlich, ganzheitlich, harmonisierend, unterstützend und ist völlig ungefährlich und harmlos in der Anwendung.
Universale Lichtenergie hilft uns auf vielfältige Weise bei unserer Bewusstwerdung. Reiki stellt somit einen wunderbaren Begleiter auf unserem spirituellen Weg dar.
Um mit Reiki-Energie arbeiten zu können, bekommt man von einem Reiki-Lehrer so genannte Einstimmungen. Durch diese Einstimmungen werden unsere Chakren aktiviert und somit durchlässiger für universale Energie. Ab dem 1. Grad können wir uns und andere Lebewesen, Menschen, Tiere, Pflanzen mit dieser Energie durch Händeauflegen versorgen.
Das Reiki-System ist in sieben Grade unterteilt, wobei jeder Grad auf den anderen aufbaut.

Der 1. Grad: Beim 1. Grad wird unser Lichtkanal dauerhaft für die universale Energie geöffnet und vor allem das Wurzel-Chakra aktiviert. Wir sind nun durchlässiger für universale Lichtenergie und können diese Energie als Kanal per Handauflegen anderen Lebewesen und uns selbst zuführen.
Der 2. Grad: Beim 2. Grad wird vor allem das Sakral-Chakra aktiviert und unsere Fähigkeit, mit universaler Lichtenergie zu arbeiten, verdoppelt sich. Außerdem lernen wir drei von insgesamt sieben Reiki-Symbolen kennen. Mit Hilfe der Symbole können wir nun auch Reiki-Energie jenseits von Zeit und Raum ausrichten, sie weit entfernten Menschen schicken und sogar Ereignisse aus der Vergangenheit oder der Zukunft mit universaler Lichtenergie versorgen und „bearbeiten".
Der 3. Grad: Beim 3. Grad wird vor allem unser Solarplexus-Chakra aktiviert. Unsere Fähigkeit, mit Lichtenergie zu arbeiten, vervierfacht sich. Außerdem lernt man ein weiteres Symbol kennen und erfährt, wie man selbst Einstimmungen geben und diese auch über Entfernungen schicken kann.
Der 4. Grad: Er aktiviert das Herzzentrum, den Sitz unserer Liebesfähigkeit und des Mitgefühls. Auch hier wird ein weiteres Symbol erlernt. Durch den 4. Grad gelingt es uns, unser Mitgefühl und unsere Liebe in Richtung der bedingungslosen Liebe weiter wachsen zu lassen.
Der 5. Grad: Im 5. Grad wird unser Kehl-Chakra aktiviert, das unser Zentrum für Kommunikation und sprachlichem Ausdruck ist. Wir werden bemerken, dass mit diesem Grad die Kommunikation durch das Mitgefühl und die Liebe unseres Herzzentrums wirkt. Herz und Sprache werden mehr verbunden. Auch der 5. Grad beinhaltet ein weiteres Symbol.
Der 6. Grad: Beim 6. Grad wird hauptsächlich unser Drittes Auge aktiviert. Wir werden dadurch mehr Zugang zu unserer Intuition und unserer inneren Stimme bekommen sowie unsere Wahrnehmung ausdehnen.
Der 7. Grad: Im 7. Grad wird hauptsächlich unser Kronen-Chakra aktiviert. Das Kronen-Chakra ist der Sitz unseres kosmischen Bewusstseins und damit die Verbindung zum All-Ganzen. Hier erlernt man das letzte der sieben Reiki-Symbole.
Im Dezember 2001 absolvierte ich den 1. Grad des Authentischen Reiki, nachdem ich durch eine Bekannte davon erfuhr. Durch die positive Wirkung, die ich dadurch für mich erlebte, nahm ich drei Monate später an einem 2.-Grad-Seminar und im Februar 2004 an einem 3. Grad-Seminar teil.

Ich habe die Arbeit mit dem Reiki-System in mein Leben integriert. Es hat mir viel bei all meinen Fragen und Problemen geholfen und mich bei den Konflikten mit meiner Dualseele unterstützt. Mit Reiki hat man nicht weniger oder gar keine Probleme mehr. Man kann aber viel besser damit umgehen, fühlt sich nicht mehr so allein damit und findet schneller eine Lösung. Reiki kann eine große Stütze in sämtlichen Lebensbereichen sein und ist eine absolute Bereicherung auf unserem spirituellen Weg. Dieses System hat mich so überzeugt, dass ich im August 2004 die Lehrerausbildung für das Authentische Reiki bei Barbara Simonsohn gemacht habe, um auch anderen Menschen diese hilfreiche Technik vermitteln zu können.

Rückführungen in frühere Leben

Eine Rückführung in ein früheres Leben sollte nur von einem erfahrenen und ausgebildeten Rückführungsleiter oder einem Reinkarnationstherapeuten durchgeführt werden. Laienhaftes Ausprobieren kann unter Umständen zu unbefriedigenden Erlebnissen führen, wenn nicht gar eine Krise herbeiführen, falls bei der Rückführung frühere Traumata wieder erlebt werden.

Es gibt auch spezielle CDs, mit deren Hilfe man sich in einer geführten Meditation in ein eventuelles früheres Leben versetzen lassen kann. Davon halte ich jedoch nicht viel. Ein solches Erlebnis kann viele Emotionen auslösen und Traumata an die Oberfläche bringen, weswegen man im Anschluss Hilfe benötigt. Ein erfahrener Begleiter kann dann entsprechend eingreifen, eine CD nicht. Der andere Grund, warum ich Rückführungs-CDs für nicht geeignet halte, ist die Tatsache, dass hierbei die Geschwindigkeit der Meditation nicht individuell angepasst werden kann. Manche Menschen brauchen länger, um Zugang zu bekommen, bei anderen geht es schneller. Außerdem ist man nicht immer in der gleichen Stimmung und unterliegt dem persönlichen Biorhythmus, der von Tag zu Tag anders ist und somit die Tiefe, Dauer und Konzentration bei der Meditation beeinflusst. Das Entscheidende ist und bleibt daher, einen erfahrenen Begleiter an seiner Seite zu haben, der die jeweiligen Umstände berücksichtigt.

Durch eine Rückführung können viele wertvolle Hinweise erhalten und Erkenntnisse darüber erlangt werden, warum mit bestimmten Menschen diese oder jene scheinbar unüberwindlichen Probleme bestehen. Oft stecken hinter den Schwierigkeiten, die wir im aktuellen Leben wahrnehmen, Situationen aus der Vergangenheit. Durch eine Rückführung können die Hintergründe betrachtet werden, um damit ein wirkliches Verständnis für die jeweiligen Probleme zu erlangen. Gerade bei karmischen Verbindungen kann eine Rückführung eine große Hilfe sein. Sicher ist dann das Problem im jetzigen Leben nicht unbedingt aus der Welt geschafft, aber man weiß mehr und kann es besser bearbeiten.

Es gibt verschiedene Techniken, eine Rückführung einzuleiten. Ausgebildete Rückführungsleiter wenden meist Hypnose oder eine spezielle Art der geführten Meditation bzw. Fantasiereise an. Es gibt auch andere Methoden, um etwas über ein früheres Leben zu erfahren. Aura-Readings sind eine davon.

Ich selbst erhielt auch schon einmal in einem sehr entspannten Zustand ganz spontan einen Einblick in ein früheres Leben. Außerdem habe ich, als ich mit der Technik des Fernreiki, die man im 2. Reikigrad erlernt, Energie auf andere Menschen leitete, Rückblicke in Ausschnitte ihrer früheren Leben erlebt und karmische Verbindungen und deren Ursachen gesehen. Auch bei mir selbst konnte ich mit dieser Methode einige meiner karmischen Verbindungen „heilen".

Ich halte Rückführungen für eine wertvolle Hilfe, wenn man sich anschließend immer wieder auf das Hier und Jetzt besinnt und die Vergangenheit als Lehre betrachtet und sich nicht von ihr vereinnahmen lässt. Es sollte keinesfalls der Fehler begangen werden, in ihr hängen zu bleiben. Schreite im aktuellen Leben voran, um es mit allen seinen Herausforderungen zu meistern.

Das Aura-Reading

Bei einem Aura-Reading wird durch hellsichtige Wahrnehmung festgestellt, wie Personen zueinander stehen, wie das berufliche Umfeld aussieht und welche Verbindungen zur Familie oder anderen Gruppen bestehen. Auch über den Fragenden selbst kann vieles zu seinem Nutzen erfragt werden. Dabei wird immer lösungsorientiert gearbeitet. Es geht darum, die Kontakte und Probleme des Fragenden zu durchleuchten, um brauchbare und durchführbare Lösungen für die Realität zu finden.
Bei einem Aura-Reading handelt es sich ausschließlich um hellsichtige Wahrnehmung und nicht um Wahrsagen. Man kann zwar die Zukunft vom momentanen Augenblick aus erkennen. Da aber die Zukunft variabel ist und wir unseren freien Willen haben, kann bei einem Aura-Reading nicht gesagt werden, dass sie auch wirklich so eintrifft. Es geht darum, die vorhandenen Potenziale wahr zu nehmen, um dem Fragenden eine Richtung aufzuzeigen. Ob er diesen Weg gehen möchte oder nicht, liegt einzig und allein in seiner Verantwortung.
Das Aura-Reading funktioniert folgendermaßen: Mittels einer speziellen Methode ist es möglich Verbindung zur Aura des Fragenden, sowie zum eigenen und dessen Höherem Selbst aufzunehmen. Die Aura steht in direkter Verbindung mit der Akasha-Chronik und damit zu allen Erfahrungen, die jemals von Seelen auf der Erde gemacht wurden. Dadurch ist es möglich Informationen aus früheren Leben und über andere Menschen zu bekommen.
Ich selbst wende Aura-Readings gerne bei partnerschaftlichen Problemen an. Zur Berufsorientierung, Klärung von Konflikten in Gemeinschaften wie in der Familie oder unter Kollegen finde ich diese Methode außerordentlich hilfreich.

Körperbezogene Techniken mit spirituellem Aspekt

Unser Körper sollte so oft es geht in unsere spirituelle Arbeit mit einbezogen werden. Da wir eine Einheit aus Körper, Geist und Seele sind, sollte kein Teil zu kurz kommen. Genauso wichtig wie unsere spirituelle Arbeit auf den seelischen Ebenen durch Visualisierungen und Meditationen ist auch die Pflege und Arbeit mit dem Körper. Wenn wir bestimmte Körperübungen machen, hat das auch einen Einfluss auf die beiden anderen Bereiche, auf Geist und Seele bzw. Psyche. Ein Spaziergang an der frischen Luft in der Natur oder Sport helfen vielen Menschen, abzuschalten und ihre Sorgen und Probleme in einem anderen Licht zu sehen. Daran ist sehr gut zu erkennen, wie die körperliche Ebene die beiden anderen beeinflusst. Wenn unser Körper krank ist oder wir uns unwohl fühlen, hat das Einfluss auf unsere Stimmung. Deshalb ist es essenziell, dass es dem Körper gut geht und man sich wohl fühlt in seiner Haut. Meditationen sind auch während einer Krankheit möglich, aber einfacher sind sie im gesunden Zustand, wenn der Körper keine Beschwerden bereitet, die uns ablenken.
Ich gebe hier einen Überblick über verschiedene körperbezogene Techniken, die ich für die tägliche Praxis besonders hilfreich finde und die leicht erlernbar sind. Für alle Methoden halte ich es für erforderlich, sich einen geeigneten Lehrer in näherer Umgebung zu suchen oder sich einer Gruppe anzuschließen und spezielle Literatur dar-

über zu lesen. Wenn man sich die Techniken nur aus Büchern aneignet, kann man allzu leicht etwas verkehrt machen, das sich im Laufe der Zeit einschleift. Der gewünschte Effekt bleibt aus oder man schadet sich gar damit. Bei einem Kurs trifft man außerdem Gleichgesinnte, und man hat mit anderen Menschen zusammen mehr Spaß.
Außer den hier vorgestellten Techniken gibt es noch viele andere. Diese alle aufzuführen, würde den Rahmen des Buches sprengen. Jeder soll für sich selbst seinen Weg finden und Augen und Ohren offen halten, ob ihm nicht etwas begegnet, das für ihn geeigneter ist als das hier Vorgestellte. Die Techniken, die ich hier erwähne, kenne ich selbst und habe gute Erfahrungen mit ihnen gemacht.

Die Fünf Tibeter

Die Fünf Tibeter sind eine hervorragende Technik, Körper, Geist und Seele in Einklang zu bringen. Sie sind für alt und jung geeignet, leicht erlernbar und in kurzer Zeit durchzuführen.
Sie bestehen aus fünf Einzelübungen, die, wenn sie regelmäßig durchgeführt werden, einen hervorragenden Effekt in unserem Energiekörper und den Chakren auslösen. Unser physischer Körper profitiert ebenso von ihnen: Muskeln, Sehnen und Bänder werden gestärkt und geschmeidiger. Menschen mit Rücken- und Haltungsproblemen erleben oft schon nach kurzer Anwendungsdauer eine wesentliche Besserung.
Dadurch, dass unsere Chakren wieder in Einklang kommen, werden unsere Emotionen geklärt und unsere Psyche stabilisiert. Die Fünf Tibeter sind also Körperübungen, die ganzheitlich wirken. Und das Beste dabei ist: Man benötigt für sie nur täglich 15 bis 20 Minuten Zeit! Hierzu empfehle ich das Buch „Die Fünf Tibeter" von Peter Kelder, Integral-Verlag, Wessobrunn.

Qi Gong

Qi Gong ist Meditation in Bewegung. In der Traditionellen Chinesischen Medizin (TCM) macht Qi Gong einen Teilbereich aus. Qi-Gong-Übungen werden in China seit Jahrtausenden zur Erhaltung der Gesundheit und zur Selbstheilung eingesetzt.
Durch Qi Gong können wir unsere Lebensenergie aktivieren, welche immer ganzheitlich auf Körper, Geist und Psyche wirkt. Die Chinesen bezeichnen die feinstoffliche Ursubstanz im Universum als Qi. Fließt das Qi in ausreichender Menge und Qualität harmonisch in unseren Energiebahnen, den Meridianen, so fühlen wir uns wohl und sind gesund. Ist das Qi jedoch blockiert, geht es uns schlecht und wir können erkranken. Das Qi wird beim Qi Gong (Gong = Übung) durch Atmung, Bewegung und Konzentration ins Fließen gebracht. Durch harmonische Bewegungsabläufe, eine bewusste ruhige Atmung und Konzentration sowie die Lenkung der Vorstellungskraft werden Energieblockaden gelöst und das Qi kann seine heilenden Kräfte entfalten. Qi-Gong-Übungen steigern die körperliche, geistige und psychische Belastbarkeit. Gesteigerte Leistungsfähigkeit, Gelassenheit und Ausgeglichenheit sind das Ergebnis. Außerdem kommt das eigene Potenzial zur Entfaltung und die Körperwahrnehmung

wird verbessert. Der Körper aktiviert seine Regenerationskräfte, verbessert Organfunktionen und Stoffwechselvorgänge. Die eigene Mitte wird wiedererlangt und das Allgemeinbefinden gesteigert. Qi Gong ist bei jeder Krankheit eine große Unterstützung und kann sowohl im Liegen wie auch im Sitzen, Stehen und Gehen ausgeübt werden. Es ist für jeden Menschen in jedem Alter geeignet.
Qi Gong lernt man am besten in einer Gruppe Gleichgesinnter bei einem guten Qi-Gong-Lehrer. Ich halte diese Technik für eine wertvolle Hilfe nicht nur für die körperliche Basis, sondern auch gerade zur Klärung und für das In-Einklang-Bringen der Gefühle. Beim Qi Gong werden die Gefühle mit berücksichtigt. Jedem Meridian ist eine bestimmt Gefühlslage zugeordnet und so beeinflussen die Übungen – anders als beim Tai Chi – die Psyche.

Tai Chi

Tai Chi ist eine alte chinesische Bewegungskunst und vereint drei wesentliche Aspekte in sich: Meditation in der Bewegung, Kampfkunst – natürliche Körperenergie und Heilkunst – Meridian-System. Tai Chi geht auf 3000 Jahre alte Übungen taoistischer Mönche zurück.
Tai Chi wirkt durch eine im inneren hervorgerufene Harmonisierung, welche von außen betrachtet durch harmonische Bewegungen zu sehen ist. Sanfte, fließende Bewegungen lassen die „Form" mit einem ruhigen natürlichen Atemrhythmus entstehen. Dies führt zu innerer Ruhe, besserer Konzentration, Ausgeglichenheit und in die innere Mitte.
Wie beim Qi Gong wird beim Tai Chi die Lebensenergie in Fluss gebracht. Durch den bewussten Atem werden der Körper optimal mit Sauerstoff versorgt, die Blutzirkulation angeregt, die Organfunktion verbessert und die körpereigenen Selbstheilungskräfte aktiviert. Tai Chi kann unabhängig von Alter und körperlicher Verfassung ausgeführt werden.
Auch hier empfehle ich, einen Kurs zu absolvieren, um diese Technik zu erlernen und an weiterführenden Übungsabenden teilzunehmen.

Eine Warnung

Bei allen Tipps und Empfehlungen zu spirituellen Techniken soll das Hier und Jetzt, das Leben in der Realität nicht vergessen werden. Zu schnell kann man sich in der spirituellen Welt verlieren. Diese Flucht lässt uns am Leben vorbei leben und bringt uns dann auch nicht mehr das, was wir uns erhoffen. Auch hier ist also ein gesundes Mittelmaß angesagt. Natürlich ist es gut, zum Beispiel eine regelmäßige Reiki-Behandlung, Meditationen oder eine andere Form der spirituellen Arbeit in sein Leben zu integrieren. Meine Warnung bezieht sich vielmehr darauf, nicht den Boden unter den Füßen zu verlieren, weil man die täglichen Pflichten vernachlässigt und sich in seiner Freizeit nur noch mit spirituellen Techniken beschäftigt und ausschließlich gleichgesinnte Menschen trifft.

Ich habe leider schon einige Menschen erlebt, die durch ihre Probleme mit ihrer Dualseele ständig Kartenlegerinnen, Astrologen, Hellseherinnen und Reinkarnationstherapeuten aufgesucht haben. Sie haben sich auch selbst fast zwanghaft immer wieder Tarot-Karten gelegt, Meditationen zum Höheren Selbst durchgeführt, einen spirituellen Workshop nach dem anderen aufgesucht und fast ausschließlich in der geistigen Welt agiert und gelebt. Dabei haben sie den Blick für die Realität verloren. Diese Techniken sind alle sehr hilfreich und gut, wenn sie ins Alltagsleben integriert sind und dort den ihnen angemessenen Raum einnehmen. All diese Techniken können nur dann einen Nutzen für den Einzelnen bringen, wenn sie nicht in einem rigiden Verhalten enden.

Wir sind in diese Welt geboren worden, um hier unsere Erfahrungen zu machen. Sich von der Realität zurückzuziehen, wäre ein Fehler - unser Wachstum würde stagnieren, wir würden an unserer Lebensaufgabe vorbeileben. Wir haben uns als Seele das Feld der Materie mit ihrem körperlichen und materiellen Aspekt gesucht, um hier unsere Erfahrungen zu machen und um hier unsere Lebensaufgabe zu erfüllen.

Sich auf Erden rein *nur* um spirituelle Erfahrungen zu bemühen und die weltliche Seite außer acht zu lassen, entspricht nicht dem, was die Seele will und geplant hat. Unsere Seele will durch uns in der Materie ihr Potenzial leben und zum Ausdruck bringen.

Auch der Kontakt und die Erfahrungen mit Menschen, die *nicht* unsere Dualseele oder ein Seelenpartner sind, haben für unsere Entwicklung eine große Bedeutung. Eingebunden in Zeit und Raum mit unserem materiellen Körper machen wir hier unsere wertvollsten Lernerfahrungen, wo es auf den ersten Blick keine spirituellen Früchte zu ernten scheint: im Büro, im Supermarkt, in herkömmlichen alltäglichen Situationen. Im Grunde hat alles, selbst wenn es noch so alltäglich und profan aussieht, seine Entsprechung auf den spirituellen Ebenen. Darum geht es!

Der spirituelle Weg bedeutet auch die Bewusstwerdung in unserer Welt, Bezug nehmend auf Umwelt, Kleidung, Nahrungsmittel, Tiere, andere Menschen etc. Diese Bewusstseinserweiterung findet auf der materiellen und der spirituellen Ebene statt. Auch hier gibt es kein „Entweder oder“, sondern ein „Sowohl als auch“!

Im Falle spiritueller Krisen wende dich an folgende Hotline, bei der du professionelle Hilfe erhalten kannst:

Spirituelle Fachklinik Heiligenfeld
Euerdorfer Straße 4-6
97688 Bad Kissingen
Tel. (0971) 8206-1000
E-Mail: info@heiligenfeld.de
Internet: www.heiligenfeld.de

Anhang - Dualseelen-Gedichte und -Lieder

Schon seit jeher wissen die Menschen um das Dualseelensein. Viele Mythen, Legenden und Märchen berichten davon. Da ist es kein Wunder; dass es selbstverständlich auch sehr viele wundervolle Gedichte und Lieder gibt; die dieses Thema beschreiben. Für viele mögen sie sich wie normale Liebeslieder und -gedichte anhören. Derjenige der seine Dualseele kennt, kann aus diesen Texten das Dualseelenthema herauslesen. Ich persönlich finde diese Lieder und Gedichte wundervoll um die Seele und das Gefühl anzusprechen und um in ihnen etwas zu schwelgen. Manchmal lese ich eines davon zu Beginn einer Meditation.

Dualseelen-Gedichte

Ginko Biloba

Dieses Baumes Blatt, der von Osten
Meinem Garten anvertraut,
Gibt geheimen Sinn zu kosten
Wie's den Wissenden erbaut.
Ist es EIN lebendig Wesen,
Das sich in sich selbst getrennt,
Sind es Zwei, die sich erlesen,
Dass man sie als eines kennt?
Solche Frage zu erwidern
Fand ich wohl den rechten Sinn.
Fühlst du nicht in meinen Liedern,
Dass ich EINS *und* Doppelt bin?

Johann Wolfgang von Goethe

Sanft wie das Winden eines weichen Bandes
Und du und ich seit Ewigkeiten verbunden,
Ich, Bote eines fernen, fremden Landes,
Kann nur mit dir vereint gesunden.
Das Band, das uns verbindet, ist verschlungen,
Du musst allein den Knoten darin lösen,
Und ist das Lösen endlich dir gelungen,
Sind wir genesen.

Ephides

Der Tod der Liebenden

So tief und weich, als ob es Gräber wären,
Lass uns're duftumhüllten Lager sein,
Und ringsum Blumen, die in schön'ren Sphären
Für uns erblüht in einem fremden Hain.
Lass unser letztes Glühen und Begehren
Gleich düsterroten Fackeln lodern drein,
Zwiefache Flammen, die sich spiegelnd mehren
In uns'rer Doppelseele Widerschein.
Der Abend brennt in rosig-blauem Flimmer,
Ein letztes Glühen noch, dann schweigt für immer
Der lange Seufzer, schwer von Abschiedsqual.
Und lächelnd tritt ein Engel in das Zimmer
Und weckt zu neuem Leben, neuem Schimmer
Erlosch'ne Spiegel, toter Kerzen Strahl.

Charles Baudelaire

Seit Anbeginn ...

Die Sterne flüsterten mir deinen Namen zu,
Damals, als ich dich noch nicht kannte und doch wusste,
Dass es dich gibt ...
Die Nacht nannte mir deinen Namen, deinen wirklichen Namen,
Der Name, den ich tief in meinem Herzen trage seit dem Anbeginn ...
Unserer Trennung vor Äonen ... Zeiten vergingen, ohne dich zu treffen ...
Und doch wusste ich immer,
Dass es dich gibt ...
So werden Tage zu Nächten und wieder zu Tagen ...
Und eines Tages werden wir, weil wir von Anbeginn zusammengehörten,
Wieder zusammen finden, weil auch du weißt,
Dass es mich gibt ...

Baghira

So zieh‘n zwei Flammen, inniglich verschwistert,
Die eine silberlicht, die andre dunkelgolden,
Dem Himmel zu vom marmornen Altare.
Umschlingen sich, durchdringen sich im holden
Verbund, und wie sie glüh‘n, verknistert
In ihnen Erdrest langer unerlöster Jahre.

Christian Morgenstern

An Levin Schücking

Kein Wort, und wär’ es scharf wie Stahles Klinge,
Soll trennen, was in tausend Fäden Eins,
So mächtig kein Gedanke, dass er dringe
Vergällend in den Becher reinen Weins;
Das Leben ist so kurz, das Glück so selten,
So großes Kleinod, einmal sein statt gelten!

Hat das Geschick uns, wie in frevlem Witze,
Auf feindlich starre Pole gleich erhöht,
So wisse, dort, dort auf der Scheidung Spitze
Herrscht, König über Alle, der Magnet,
Nicht fragt er, ob ihn Fels und Strom gefährde,
Ein Strahl fährt mitten er durchs Herz der Erde.

Blick’ in mein Auge – ist es nicht das deine,
Ist nicht mein Zürnen selber deinem gleich?
Du lächelst – und dein Lächeln ist das meine,
An gleicher Lust und gleichem Sinnen reich;
Worüber alle Lippen freundlich scherzen,
Wir fühlen heil’ger es im eig’nen Herzen.

Pollux und Kastor – wechselnd Glüh‘n und Bleichen,
Des Einen Licht geraubt dem Andern nur,
Und doch der allerfrömmsten Treue Zeichen. –
So reiche mir die Hand, mein Dioskur!
Und mag erneuern sich die holde Mythe,
Wo überm Helm die Zwillingsflamme glühte.

Annette von Droste-Hülshoff

An Levin Schücking [II]

O frage nicht, was mich so tief bewegt,
Seh' ich dein junges Blut so freudig wallen,
Warum, an deine klare Stirn gelegt,
Mir schwere Tropfen aus den Wimpern fallen.

Mich träumte einst, ich sei ein albern Kind,
Sich emsig mühend an des Tisches Borden,
Wie übermächtig die Vokabeln sind,
Die wieder Hieroglyphen mir geworden!

Und als ich dann erwacht, da weint' ich heiß,
Dass mir so klar und nüchtern jetzt zu Mute,
Dass ich so schrankenlos und überweis',
So ohne Furcht vor Schelten und vor Rute.

So, wenn ich schaue in dein Antlitz mild,
Wo tausend frische Lebenskeime walten,
Da ist es mir, als ob Natur mein Bild
Mir aus dem Zauberspiegel vorgehalten.

Und all mein Hoffen, meiner Seele Brand,
Und meiner Liebessonne dämmernd Scheinen,
Was noch entschwinden wird und was entschwand,
Das muss ich alles dann in dir beweinen.

Annette von Droste-Hülshoff

An denselben Levin Schücking

Zum zweiten Male will ein Wort
Sich zwischen unsre Herzen drängen,
Den felsbewachten Erzeshort
Will eines Knaben Miene sprengen.
Sieh mir ins Auge, hefte nicht
Das deine an des Fensters Borden,
Ist denn so fremd dir mein Gesicht,
Denn meine Sprache dir geworden?

Sieh freundlich mir ins Auge, schuf
Natur es gleich im Eigensinne
Nach harter Form, muss ihrem Ruf
Antworten ich mit scharfer Stimme.
Der Vogel singt, wie sie gebeut,
Libelle zieht die farb'gen Ringe,
Und keine Seele hat bis heut'
Sie noch gezürnt zum Schmetterlinge.

Still ließ an meiner Jahre Rand
Die Parze ihre Spindel schlüpfen,
Zu strecken meint' ich nur die Hand,
Um alte Fäden anzuknüpfen.
Allein den deinen fand ich reich,
Ich fand ihn vielbewegt verschlungen,
Darf es dich wundern, wenn nicht gleich
So Ungewohntes mir gelungen?

Dass manches schroff in mir und steil,
Wer könnte, ach, wie ich es wissen!
Es ward, zu meiner Seele Heil,
Mein zweites zarteres Gewissen,
Es hat den Übermut gedämpft,
Der mich Giganten gleich bezwungen,
Hat glühend, wie die Reue kämpft,
Mit dem Dämone oft gerungen.

Doch du, das tief versenkte Blut
In meinem Herzen, durftest denken,
So wolle ich mein eig'nes Gut,
So meine eig'ne Krone kränken?
O, sorglos floss mein Wort und bunt,
Im Glauben, dass es dich ergötze,
Dass nicht geschaffen dieser Mund
Zu einem Hauch, der dich verletze.

Du zweifelst an der Sympathie
Zu einem Wesen dir zu eigen?
So sag' ich nur, du konntest nie
Zum Gletscher ernster Treue steigen,
Sonst wüsstest du, dass auf den Höh'n
Das schnöde Unkraut schrumpft zu-
sammen
Und dass wir dort den Phönix seh'n,
Wo unsre liebsten Zedern flammen.

Sieh her, nicht eine Hand dir nur,
Ich reiche beide dir entgegen,
Zum Leiten auf verlor'ne Spur,
Zum Liebespenden und zum Segen,
Nur ehre ihn, der angefacht
Das Lebenslicht an meiner Wiege,
Nimm' mich, wie Gott mich hat ge-
macht,
Und leih' mir keine fremden Züge!

Annette von Droste-Hülshoff

Weite Wege

Als wir vor vierhundert Jahren
Uns auf der Wanderschaft endlich trafen
Hat uns die Pest dahingerafft
Dabei wollte ich dir gerade noch was sagen
Dabei wollte ich ...

Als wir vor dreihundert Jahren
Uns in der Weite der Taiga verloren
Hat mir das ewige Eis
Die Worte im Munde festgefroren,
Die Worte im Munde festgefroren.

Refrain: Ich hab dir noch was zu sagen ...

Als wir vor zweihundert Jahren
Es einmal wagten, uns heimlich zu küssen,
Haben sie uns dabei erwischt
Und prompt auseinander gerissen
Und unsere Herzen zerrissen.

Damals vor einhundert Jahren
Haben wir wild und frei Liebe gemacht
Da kamen die Weißen und nahmen dich mit
Und mich haben sie umgebracht,
Mich haben sie umgebracht.

Viele Male bin ich geboren
Hab dich gefunden, hab dich verloren.
Für dich ist mir kein Weg zu weit!
Ich liebe dich durch alle Zeit.

Heut sitz ich mit dir unter strahlenden Sonnen
Und spüre, die Zeit ist nun endlich gekommen.
Ich streichle ganz sanft dein mooskrauses Haar
Und sag dir, als wär's zum ersten Mal:

Ich lieb dich durch alle Zeiten ...

Gita Tost

Zwei Menschen

die sich sehnen
suchen
die sehen
betrachten
die sich berühren
gefallen
die sich bedenken
begreifen
die sich verstehen
fühlen
die sich küssen
lieben
die sich hingeben
hinnehmen

die sich sehnen
neu zu beginnen
die sich wiedersuchen
erkennen
die sich brauchen
lieben
die sich quälen
zweifeln
die sich abwenden
verwunden
die sich angreifen
weh tun
die sich kennen

Regina Weitz

Weitere Beispiele von Songs und Gedichten sind:

„Ich weiß, es wird einmal ein Wunder gescheh'n!" von Zarah Leander
"Dein Lied" von Laith Al-Deen
"Out of the Dark" von Falco (Johann Hölzl)
"Anyplace,anywhere,anytime" von Nena and Kim Wilde
"Leuchtturm" von Nena (Album „Nena feat. Nena)

Glossar

Akasha-Chronik: Die Akasha-Chronik befindet sich im feinstofflichen Bereich, genauer gesagt auf der Ätherebene. Sie ist eine Aufzeichnung von allem was jemals geschehen ist. Man könnte sie als die zentrale Datenbank des Universums bezeichnen. Sämtliche Leben aller je inkarnierten Wesen sind in ihr aufgezeichnet. Auch die Potentiale für unsere Zukunft ruhen in ihr.

Aura-Reading: Das Aura-Reading, was übersetzt soviel bedeutet wie „Auralesen", ist eine Technik mit der man mittels hellsichtiger Fähigkeiten Einblicke in die Hintergründe von Situationen, Lebenslagen und Personen nehmen kann. Dabei geht es erster Linie darum das Thema des Fragenden zu durchleuchten und konkrete Lösungen für dessen Probleme zu finden.

Channeln: Channeln bedeutet Kanal sein für feinstoffliche Wesen wie Engel, höher entwickelte Meister, Seelengruppen oder die eigenen Geistführer, um mit ihnen zu kommunizieren. Es gibt hierfür verschiedene Techniken. Eine gewisse Trance sowie ein veränderter Bewusstseinszustand sind für die meisten Channel-Medien absolute Voraussetzung.

Dualität: Die Dualität wird oft mit der Polarität verwechselt. Gemeint ist damit jedoch etwas Anderes. Die Dualität ist der Zustand des Zwei-Seins.

Wir kommen aus der Einheit, dem All-Ganzen, und treten hier auf Erden in die Zweiheit, die Welt der Trennung und Separation ein. An diesem Punkt werden wir selbst, unsere Seele, ebenso dual. Unsere Seele teilt sich in zwei in sich vollständige „Hälften". Die Dualwerdung ist sozusagen die Bedingung für die Seele, um in diese duale Welt eintreten zu können.

Auf dieser Erde, im Materiellen, muss der umgekehrte Vorgang geschehen, um Leben zu ermöglichen. Auf der Erde bedarf es Zweier, damit ein Leben gezeugt werden kann. Die einzelne Samenzelle befruchtet eine einzelne Eizelle. So wie aus einer Seele beim Eintritt in diese Welt zwei Duale werden, so wird in der Materie aus zweien eins.

Geistführer: Geistführer sind Wesenheiten, die immer bei uns sind. Sie sind nicht zu verwechseln mit unserem Schutzgeist. Wir werden Zeit unseres Lebens von unserer geistigen Führung begleitend unterstützt. Unsere Geistführer kennen unseren Lebensplan, unsere vergangenen Leben und unsere karmischen Verbindungen. Die Geistführer selbst lernen auch von und mit uns, indem sie an unseren Erfahrungen teilhaben. Es kann vorkommen, dass wir, wenn es angemessen ist, für unsere Entwicklung ein oder mehrere Geistführer wechseln. Unsere geistige Führung orientiert sich dabei an unserem spirituellen Voranschreiten.

Höheres Selbst: Deine eigene innere Stimme, deine Intuition. Es ist deine Seele, die mit dir spricht. Im Endeffekt bist du selbst dein Höheres Selbst. Es ist der Teil deiner Seele, der auch noch in den Lichtebenen zu Hause ist und dadurch Zugang zum allumfassenden Wissen hat. Dein Höheres Selbst ist sich deiner/seiner Lebensaufgabe und Planung zu jeder Zeit vollständig bewusst.

Lichtebenen: Als Lichtebenen bezeichne ich die feinstofflichen Ebenen, die für das „normale" menschliche Bewusstsein nicht wahrnehmbar sind. Diese feinstofflichen Bereiche umfassen die Ätherebene, die Astralebene, die Mentalebene und die Kausalebene.

In der Ätherebene befinden sich die Verstorbenen kurz nach ihrem Tod. Sie gehen meist nach kurzer Zeit weiter in die Astralebene. Tun sie das nicht, werden sie als erdgebundene Seelen bezeichnet. Die Ätherebene ist lediglich eine „Durchgangsstation" für die Verstorbenen. In der Ätherebene sind zudem Naturwesen wie Elfen, Kobolde, Natur-Devas, unser Schutzgeist, Gedankenströme und ätherische Bilder zu finden. Die Ätherebene unterteilt sich in vier Unterebenen. Diese sind, die erdnahe Ebene, die erste und zweite Energieebene und die Akasha-Ebene:

Die erdnahe Ebene: Hier ist die physische Ebene noch sichtbar.

Erste und zweite Energieebene: Ab hier ist die physische Ebene nicht mehr sichtbar. Hier gibt es nur Energieströme.

Die Akasha-Ebene: Hier befindet sich die Akasha-Chronik. Unser Unterbewusstsein hat Zugang zu dieser Ebene. Der Hellseher kann sich in diese Ebene einklinken und die gespeicherten Informationen abrufen.

Die Astralebene: Hier halten sich unsere Geistführer auf. Die Verstorbenen werten ihr vergangenes Leben hier gefühlsmäßig aus. Auf der Astralebene ist alles sehr bunt. Sie verfügt über sieben Unterebenen, zu denen ich leider keine Informationen präsentieren kann.

Die Mentalebene: Sie ist der „Ort", in dem sich unsere Seele, unser Höheres Selbst, aufhält. Auf der Mentalebene sieht alles Ton in Ton aus, wie in einer Hochgebirgslandschaft.

Die Kausalebene: Hier halten sich wiedervereinigte Seelenfamilien auf. Also jene Seelen, die ihren Inkarnationszyklus bereits abgeschlossen haben und sich mit ihrer Seelenfamilie wiedervereinigt haben bzw. mit ihr verschmolzen sind.

Polarität: Unsere Welt ist eine polare Welt. Die Polarität umfasst alles gegensätzliche, aber auch, und das ist das Entscheidende daran, alles was zwischen den Gegensätzen liegt. In der Polarität gibt es Schwarz und Weiß, Oben und Unten, Links und Rechts, Plus und Minus usw. Aber das ist längst noch nicht alles. Die Polarität bietet nicht nur „Entweder oder", sondern auch „Sowohl als auch". Denn es gibt ja nicht nur, um beim ersten Beispiel zu bleiben, Schwarz und Weiß, sondern auch sämtliche Graustufen in ihren verschiedenen Helligkeitsabstufungen dazwischen. Die Polarität ist nicht eine Welt des Absoluten; sie ist eine Welt der unbegrenzten Möglichkeiten seelischer Entwicklung. Denn genau die enorme Bandbreite zwischen den Polen gibt uns die Möglichkeit, immer wieder Neues zu erleben und zu erfahren.

Wassermann-Zeitalter: Ungefähr alle 2160 Jahre beginnt aus astrologischer Sicht ein neues Zeitalter, wenn der Frühlingspunkt der Sonne in ein anderes Sternbild tritt. Das Zeitalter des Wassermanns folgt auf das Fische-Zeitalter, das ungefähr zur Zeit Jesu Christi begann. Heute befindet sich der Frühlingspunkt zwischen den Sternbildern Fische und Wassermann. Der exakte Beginn des Wassermann-Zeitalters ist umstritten. Astrologen benennen eine Übergangsphase, welche in den 60er Jahren des vergangenen Jahrhunderts begann und noch einige Jahrzehnte in unser derzeitiges Jahrhundert hineinreicht.

Die Ära des Wassermann-Zeitalters steht für Befreiung, Loslösung von Altem, Toleranz, Offenheit und Teamgeist. Außerdem soll mit ihm die Zeit eines neuen Menschen mit einem umfassenden Bewusstsein und eine weltweite Kommunikation und Globalisierung angebrochen sein.

Weiterführende Informationen

Literaturempfehlung

Einverstandensein – Die Erlösung des Schattens von *Shalila Sharamon* und Bodo J. Baginski, Verlag: Windpferd, ISBN 3-89385-439-8 (Sehr hilfreiches Buch für die Transformation der eignen Schattenseiten)

Stell dir vor – Kreativ visualisieren *von Shakti Gawain*, Verlag: rororo, ISBN 3-499-18093-6 (Sehr schön geschriebenes Buch mit zahlreichen Anleitungen zum Visualisieren, sowie Meditationen, Affirmationen. Ein sehr lesenswertes Buch!)

Ihr höheres Selbst *von Safi Nidiaye*, Verlag: Heyne, ISBN 3-453-14678-6 (Erklärt, wie man mit dem höheren Selbst Verbindung aufnehmen, Zwiesprache halten, eins werden kann. Ein gut zu lesendes und verständliches Buch mit vielen Übungen.)

Licht-Arbeit *von Barbara Ann Brennan*, Verlag: Goldmann, ISBN 3-442-14151-6 (Das Standardwerk der Heilung mit Energiefeldern.)

Licht-Heilung *von Barbara Ann Brennan*, Verlag: Goldmann, ISBN 3-442-12222-8 (Der Prozess der Genesung auf allen Ebenen von Körper, Gefühl und Geist.)

Das Dritte Auge öffnen *von Harald Wessbecher*, Verlag: INTEGRAL, ISBN 3-7787-9081-1 (Ein Übungsprogramm zur Wahrnehmung und Nutzung der Kräfte jenseits der sichtbaren Realität.)

Das Chakra-Handbuch von *Shalila Sharamon* und *Bodo J. Baginski*, Verlag: Windpferd, ISBN 3-89385-038-4 (Eine umfassende Anleitung zum Harmonisieren der Energiezentren durch Klänge, Farben, Edelsteine, Düfte, Atemtechniken, Naturerfahrungen, Reflexzonen und Meditationen.)

Chakra-Praxisbuch *von Kalashatra Govinda*, Verlag: Ludwig, ISBN 3-7787-5029-1 (ebenfalls ein sehr empfehlenswertes Werk für die Arbeit mit den Chakren)

Das Kundalini-Handbuch *von Genevieve Lewis Paulson*, Verlag: Windpferd, ISBN 3-89385-091-0 (Eine umfassende praktische Anleitung zum Entdecken, Freisetzen und vom Meistern der Chakra-Energien.)

Die Fesseln des Karma sprengen – Befreiung aus kosmischen Bindungen *von Phyllis Krystal*, Verlag: Lotos, ISBN 3-548-74068-5 (Über den Umgang mit unserem Karma. Phyllis Krystal beschreibt anhand von einfachen, aber effektiven Übungen, wie man Verbindungen und Fesseln aus der Vergangenheit löst und sie geheilt werden können.)

Die inneren Fesseln sprengen – Befreiung von falschen Sicherheiten *von Phyllis Krystal*, Verlag: Lotos, ISBN 3-612-18003-7 (Dieses Buch zeigt, wie man sich von falschen Bindungen lösen kann; zum Beispiel Ablösung von den Eltern und anderen Bezugspersonen anhand einer Visualisierungsmethode, die von der Autorin entwickelt wurde.)

Frei von Angst und Ablehnung – Lösung aus kollektiven Bindungen *von Phyllis Krystal*, Verlag: Lotos, ISBN 3-612-18004-5 (Wie in ihren anderen Büchern geht es bei diesem Buch um Ablösung: Ablösung von kollektiven Zwängen wie familiäre Verhaltensmuster, unser Geschlecht, Religion. Diese können uns binden und daher selbstbestimmtes Leben beeinträchtigen.)

Die Blume des Lebens, Band 1 und Band 2 *von Drunvalo Melchizedek*, Verlag: KOHA, ISBN 3-929512-57-2 (Band 1) und ISBN 3-929512-63-7 (Band 2) (Umfassende und sehr tiefgreifende Informationen zur Heiligen Geometrie, unserer Mer-Ka-Ba, Atlantis, über die Pyramiden und unserem Ursprung. Band 2 beinhaltet praktische Anleitungen zur Erschaffung unseres persönlichen Mer-Ka-Ba-Feldes und hilfreiche Meditationen.)

Das Authentische Reiki – Wirksame Hilfe bei den körperlichen und seelischen Problemen der heutigen Zeit, v*on Barbara Simonsohn*, Verlag: Goldmann, ISBN 3-442-14210-5 (Ein wundervoll zu lesendes und sehr umfassendes Buch über das Authentische Reiki mit zahlreichen Beispielen, Anwendungsmöglichkeiten und detaillierten Erklärungen.)

Reiki für Fortgeschrittene – Ein Anwenderbuch für Reiki-Praktiker, *von Barbara Simonsohn*, Verlag: Goldmann, ISBN 3-442-21714-8 (In Ihrem zweiten Reikibuch beschreibt die Autorin in sehr schön zu lesender Weise die fortgeschrittenen Reikitechniken und berichtet über Praxiserfahrungen.)

Die Fünf „Tibeter" – Das alte Geheimnis aus den Hochtälern des Himalaja lässt Sie Berge versetzen! *Von Peter Kelder*, Verlag: INTEGRAL, ISBN 3-502-25004-9 (Die Anleitungen zu den Fünf Tibetern sind in diesem Buch sehr gut und verständlich formuliert und mit zahlreichen nützlichen Abbildungen versehen.)

Der Sechste „Tibeter" – Das Geheimnis erfüllter Sexualität. *Von Christian Salvesen*, Verlag: Scherz, ISBN ((fehlt leider im Buch)) (In diesem Buch beschreibt der Autor worum es beim Sechsten Tibeter wirklich geht und erläutert den philosophisch-psychologischen Hintergrund dieser kraftvollen Übung.)

Qi-Gong-Wunder – Unterweisungen in der Kunst des heilenden Qi Gong durch einen chinesischen Meister. *Von Hong Liu*, Verlag: Knaur, MensSana, ISBN 3-426-87002-9 (Der chinesische Arzt und Qi-Gong-Meister Hong Liu berichtet hier in eindrucksvoller Weise wie man über die Aktivierung der feinstofflichen Kräfte Gesundheit und ein langes Leben erlangen kann.)

Musikvorschläge

Tibetische Klangschalen I, II, III, Klangschalen-Meditation von Klaus Wiese zu beziehen bei: Edition Akasha, Buttermelcherstraße 3, 80469 München, Tel.: 089-222958

Reiki-Hände, Sayama-Music, ISBN 3-933977-33-9

Reiki, Hands of Light, *Georg Deuter*, ISBN 3-931254-92-5, New Earth Records

Garden of the Gods, *Georg Deuter*, ISBN 3-933712-02-5, New Earth Records

Reiki, Healing Light, *Gandalf*, Sattva Music, 83274 Schliersee

Reiki Brightness Healing, *Inkarnation/Oliver Shanti & Friends,* Sattva Music, 83274 Schliersee

The Silent Path, *Robert Haig Coxon,* R.H.C. Productions Inc. 1995 (SOCAN), P.O. Box 4172, Westmount, Quebec, Canada H3Z 3B6

Die Mantren für den Lichtkörperprozess, *Assunta*, ISBN 3-05334-06-2

Sands of Time, *Georg Deuter ,* Kuckuck-Schallplatten/E.R.P. Musik-Verlag, München

Adressen

Workshops über Dualseelen, Reiki und Aura-Readings

Sandra Ruzischka (Schülerin von Barbara Simonsohn)
Haidelweg 52, 81241 München
Tel.: 089-89689991
E-Mail: s-baghira@web.de
www.baghiras-site.de
www.reiki-lichtung.de

Dualseelen-Workshops: In diesen Workshops, die ich auch als Einzelsitzungen anbiete, werden je nach Wunsch und individuellen Problemen der Teilnehmer/innen spezielle Meditationen erlernt und geübt. Besonderer Wert wird dabei auf den feinstofflichen Kontakt mit der Dualseele gelegt. Dieser Workshop kann auch belegt werden, wenn man seine Dualseele noch nicht persönlich getroffen hat.

Authentisches Reiki: Seminare für den 1. und 2. Grad des Authentischen Reiki, Anwendungen, Fernbehandlungen, Kinder- und Tiereinstimmungen, Gruppenbehandlungen.

Aura-Reading: Durch geschulte hellsichtige Wahrnehmung der feinstofflichen Bereiche lösungsorientierte Klärung zwischenmenschlicher, beruflicher und persönlicher Probleme und anderer innerer Konflikte.

Reiki

Barbara Simonsohn
Holbeinstraße 26, 22607 Hamburg
Tel.: 040-895338, Fax 040-893497
E-Mail: BASIM@BARBARA-SIMONSOHN.DE
www.barbara-simonsohn.de (mit aktuellen Seminar-Terminen)
Vorträge, Seminare für alle Grade des Authentischen Reiki, Reiki-Lehrerausbildung für alle Grade, Anwendungen, Fernbehandlungen, Kinder- und Tiereinstimmungen, Gruppenbehandlungen, Fortbildungen sowie „Fünf-Tibeter"-Kurse.

Die „Fünf Tibeter"

Die „Fünf-Tibeter"-Hotline
Unter der Telefonnummer 08808-91096 hat der Integral-Verlag, Wessobrunn, eine Hotline eingerichtet, vermittels derer Fragen von Interessenten beantwortet werden. Auch gibt es hier Informationen über aktuelle Kursangebote, Seminarleiter und das offizielle Ausbildungsprogramm des dortigen Sathdharma-Zentrums.
Die Hotline ist dienstags und donnerstags jeweils von 8:30 bis 12:00 besetzt. In den übrigen Zeiten kann auf den Anrufbeantworter gesprochen werden.
Kurse bei Barbara Simonsohn s. o.

Tai Chi und Qi Gong

Tai Chi-Schule München-Pasing, Authentischer Yang-Stil
Melodrom, Planegger Straße 125, 81241 München, Tel.: 089-8341609